서문문고
215

채근담 강의

홍응명 지음
한용운 주해

해 제

 이 ≪菜根譚講義≫는 洪應明의 ≪菜根譚≫을 萬海 韓龍雲이 講義한 것이다. 원래 ≪菜根譚≫에는 洪自誠의 萬曆本이 있고 洪應明의 乾隆本이 있다. 그 내용은 두 가지가 서로 공통된 점이 많지만, 후자가 전자보다 장수가 훨씬 많은 것이 특징이다. 그래서 전자를 略本, 후자를 廣本이라고도 한다.

 洪應明本, 즉 이 ≪菜根譚講義≫에 전체 수록된 내용은 修省·應酬·評議·閒適·槪論 등 다섯 부분으로 나뉘어 있다. 그러나 洪自誠本은 본서의 다섯째 편인 개론만으로 전문을 이루고 있다. 그런데 알 수 없는 것은 洪自誠과 洪應明과의 관계이다. 어떤 사람은 自誠이 자이고 應明이 본명이라 하기도 하고, 혹은 自誠과 應明은 사제 관계일 것이라는 설도 있는가 하면, 전연 다른 인물이라는 주장도 있어 자세한 판단을 내릴 수가 없다. 萬海는 自誠은 應明의 자이므로 이는 동일인이라고 했다.

 '菜根'이란 말은 宋 汪信民의 '사람이 항상 나물뿌리를 캐 먹으면 온갖 일을 해낼 수 있다(人常咬得菜根 則百事可做)'는 말이라 한다. 이 말은 南宋의 朱子가 편찬한 ≪小學≫에, 敬身의 실례를 열거한 말미에도 기록되어 있다. 菜根을 먹고 貧苦를 견디어 내는 사람이라야, 비로소 인생 百般의 사업을 성취할 수 있다는 것이다. 이러한 의미에서 본다면, 이 ≪채근담≫은 자연과 인생의 妙理, 處世와 隱遁의 要訣을 설명한 글이다.

이 글 속에서 말하고 있는 사상 내용은, 儒·道·佛 三敎의 混融合一이라고 말하는 사람이 많다. 그러나 이 글은 三敎合一의 사상이 아니라 오히려 유교 사상을 근간으로 하고, 거기에 道·佛 二敎를 包括旁證한 것이라 할 수 있다. 글 속에 가끔 인용한 어구도 儒家先賢의 말이 제일 많다. 宋의 邵康節(雍)과 朱子(熹)를 비롯하여, 明의 陳白沙(獻章) 또는 薛敬軒(瑄)의 譚書錄, 王陽明(守仁)의 傳習錄 등에 있는 말이 많이 나온다.

다만 그 내용은 消極閑居의 원숙한 생활을 말한 점은 다 적절하다 하겠으나, 積極進取의 발랄한 생활을 배우는 데에는 취할 점이 없다고 하겠다. 더구나 오늘날의 현실에서 보면 조금 묵은 감을 면하기 어려우나, 우선 그 정신생활 강조의 일면으로 보면 명리에 광분하고 시세에 영합하는 현대의 통폐에 대하여 한 모금의 청량제가 되리라고 생각한다.

이 ≪채근담≫의 주석서는 우리 나라에도 이미 많이 나와 있다. 하지만 강의로 전문을 알기 쉽게 풀이하고 설명한 글은 이 책이 처음이다. 특히 그 강의는 학문이나 사상면에서 높은 위치를 차지하는 萬海의 手著이므로 그 가치는 더욱 빛날 것이다.

이제 이 글을 쉬운 말로 풀이하면서 삼가 서문에 대신한다.

옮긴이/李 民 樹

일러 두기

1. 이 原書는 明의 萬曆(神宗: 1573~1619년) 때 사람 洪應明의 저작이다. 이 글은 즉 '淸言' 하나로써 정신 수양을 중심으로 하고, 儒·道·佛敎의 精華를 뽑아 합쳐 만든 것이다.
2. 이 책의 이름 즉 ≪菜根譚≫의 해설은 간혹 후세 사람의 異說이 있으나, 洪自誠과 동시대 사람 于孔兼이 洪氏의 부탁을 받아 저술한 ≪菜根譚題詞≫에 '譚以菜根名 固自淸苦歷練中來 亦自栽培灌漑裡 得其顚頓風波 備嘗險阻可想'이라 했으니, 이것으로 보면 洪氏가 저술 당시의 경우를 생각하여 이 책 이름을 붙인 것임을 알 수 있다.
3. 이 원서는 후인들의 隨意刊行으로 인하여 廣·略의 異本이 있는데, 이 글의 原書는 淸 乾隆(高宗 : 1736~1795년) 間의 僧 來琳이 重刊한 중국 廣本을 主로 하고 일본 現行의 略本들을 종합해서 편집한 것이다.
4. 이 글의 講義는 간이한 것을 주로 하고 윤색한 것이 없으니, 독자는 그 文詞의 건조 무미함을 양해하기 바란다.

※ 채근담 강의

차 례

해 제 ······································· 李民樹 *3*
일러두기 ··· *7*
1. 修　省 ··· *11*
2. 應　酬 ··· *35*
3. 評　議 ··· *71*
4. 閒　適 ··· *89*
5. 槪　論 ·· *104*

1. 修 省

[講義]

 수성(修省)이라 하는 것은 자기의 몸과 마음에 대한 수양(修養)과 성찰(省察)을 말하는 것이다. 사람이 세상을 살아가는 데에, 가장 고상(高尙)하고 가장 안전한 생활을 해 나가서 지극히 원만하고 지극히 영원한 행복을 도모코자 하는 것은 누구나 다 가진 욕망이다. 그러나 이 우주에 있는 천만 가지 만물의 복잡함 가운데에 개재해 있으면, 자기와 외물(外物)과의 사이에는 실로 한량없는 관계가 발생하게 된다. 때문에 서로서로 견제해 나가면서 그 욕망의 목적에 도달하기란 몹시 어려운 것이다.

 이몹게 어려운 길을 행해 나가려 하는 데에는, 우선 주동적인 길준점이 되는 자기의 심신을 수양·반성하여, 외물과의 사이에 발생하는 관계를 조리(반理)하는 데에 가장 올바르게 해야 할 것이다. 외물의 나에게 대한 보응(응應)이란, 바로 나의 외물에 대한 작용을 반사(작작)하는 것이다. 그러므로 제 심신을 수양·반성함은 실로 만사의 근본이 된다.

原文

欲做精金美玉的人品 定從烈火中煅來
思立掀天揭地的事功 須向薄氷上履過

讀解

정금미옥(精金美玉)과 같은 인품을 만들려면, 반드시 열화(烈火) 속을 거쳐야 단련될 것이요, 천지를 번쩍 들 만한 사공(事功)을 세우려고 생각한다면, 모름지기 얇은 얼음 위로 밟고 지나가야 할 것이다.

講義

 정밀한 금이나 아름다운 옥은 뜨거운 불 속에서 높은 도수(度數)의 단련을 받고, 또 거기에 갈고 닦고 하는 공을 더한 뒤에라야 한 점의 티도 없는 가장 아름다운 그릇을 이룰 수 있는 것이다. 인품을 완성시키는 것도 이와 마찬가지다. 금이나 옥처럼 강하고 밝고 정하고 아름다운 품격을 갖추도록 만들려면, 반드시 뜨거운 불과 같이 곤란하고 위험한 역경(逆境) 속에서 그 정신을 단련하고 그 지기(志氣)를 수양해서, 겁이 많고 뜻이 나약하고 추솔하고 부박(浮薄)한 세속 먼지에서 벗어나야 한다.

 그러므로 천추(千秋)에 이름난 충렬(忠烈)과 만고의 절의(節義) 있는 사람은, 시퍼런 칼날을 헤치고 뜨거운 피를 뿌리는 고생스럽고 위험함 속에서 나왔으며, 세상에 드문 영웅·호걸들은 십생구사(十生九死)하고 만 번 패하는 데에서 한 번 성공하는 고난을 겪은 뒤에야 비로소 이루어지는 것이다.

 이와 반대로 곤란스러운 역경을 피하고 안일한 순경(順境)만을 즐기는 자는, 일종의 겁쟁이나 비루한 자가 될 뿐이니,

어찌 정금미옥(精金美玉) 같은 인물이 되기를 바라겠는가? 또 천지를 뒤흔들 만한 큰 공을 세우려는 자는, 매사를 행함에 있어서 반드시 살얼음 위로 걸어가는 것처럼 조심하고 두려워하여 근신을 지극히 해야 한다. 만일 일을 행하는 데에 조심 없이 소홀하고 경조(輕躁)하면 사업에 실패를 해 성공을 거두지 못할 것이다.

原文

一念錯 便覺百行皆非 防之當如渡海浮囊 勿容一針之罅漏 萬善全 始得一生無愧 修之當如凌 雲寶樹 須假衆木以撑持

讀解

한 가지 생각이 잘못되면 문득 백 가지 행동이 잘못됨을 생각할 것이니, 이것을 막되 마땅히 바다를 건너는 부낭(浮囊)에 바늘구멍 하나도 내지 않는 것과 같이 할 것이다. 만 가지 선행(善行)이 완전하여야 비로소 한평생 부끄러움이 없게 될 것이니, 일신의 수양을 마땅히 구름 위에 치솟는 보수(寶樹 : 七重寶樹)에다 뭇 나무들을 갖다가 떠받쳐서 지탱하게 하는 것과 같이 할 것이다.

講義

사람의 행위는 자기가 생각하는 바를 실행하는 것이다. 때문에 한 가지 생각이 잘못되고 보면 백 가지 행위가 모두 잘못

되게 마련이다. 이 잘못된 생각을 막으려면 어떻게 할 것인가? 이것은 바다를 건너는 부낭에 바늘구멍만한 틈도 용납되지 않는 것과 같이 하여라. 바다를 건너는 부낭에 바늘구멍만한 틈이라도 있으면 물이 새어들어 가라앉는 화를 당할 것이다.

사람의 생각도 이와 같아서 한 가지 생각에 잘못이 있으면 모든 악이 발생하여 과실에 빠지고 말 것이다. 그러니 생각하는 것을 엄격하게 방비해서 털끝만큼의 거짓도 움직이지 못하게 할 것이다. 또 사람이 만사를 행하는 데에 있어 한 가지 일이라도 착하지 못한 것이 있으면, 이것이 일생의 결점이 되어 스스로 부끄러움을 느낄 것이다. 때문에 만 가지 착한 것이 완전해서 한 가지의 착하지 않은 것도 없어야만 일생에 추호도 부끄러운 일이 없을 것이다.

그러므로 착한 일을 하도록 마음을 닦되, 마땅히 칠중보수(七重寶樹)를 뭇나무로 부축하는 것과 같이할 것이다. 나무가 높고 곧아서 구름 위에 치솟는 칠중보수를, 뭇나무로 버티어 주어서 자빠지거나 부러짐을 방비하면, 어떠한 풍우가 있을지라도 꺾일 염려가 없을 것이다. 착한 일을 하도록 마음을 닦는 것도 근신하고 보호해서 만전(萬全)을 얻으면, 백 년 동안의 일생을 지나도록 아무런 부끄러운 일이 없을 것이다.

原文

忙處事爲 常向閒中先檢點 過擧自稀
動時念想 預從靜裡密操持 非心自息

讀解

바쁜 중에서 일을 할 때에는 항상 한가한 가운데를 향해서 먼저 점검(點檢)하면, 지나친 행동이 자연 드물어질 것이다. 움직일 때의 생각을 미리 조용한 가운데에 자세히 가져 보면, 잘못되는 마음이 저절로 없어질 것이다.

[講義]

번거롭고 바쁜 때에 행하는 일을 먼저 한가한 속에서 살피고 생각해서 익히 계획을 세운다면, 과실을 저지르는 행동이 저절로 드물 것이다. 또 움직일 때에 생기는 마음을 미리 조용한 때에 지조를 길러서, 그 지향(志向)을 확실히 세우면 잘못되는 마음이 저절로 없어질 것이다.

이와 반대로 일하는 것을 먼저 한가한 때에 점검하지 않고 졸지에 시끄러운 일을 당하면, 황망하고 전도(顚倒)해서 과실이 생기게 되고, 또 생각을 고요한 곳에서 미리 갖지 않고 졸지에 움직일 때를 당한다면, 정욕(情欲)이 산란해서 그른 도(道)의 마음이 발생하게 된다.

[原文]

爲善 而작自高勝人 施恩 而작要名結好 修業 而작驚世駭俗 植節 而작標異可奇 此皆是善念中戈矛 埋路上荊棘 最易夾帶 最難拔除者也 須是滌盡渣滓 斬絶萌芽 纔見本來眞體

[讀解]

착한 일을 하는 데에 스스로 잘난 체하여 남을 누르

고자 하며, 은혜를 베푸는 데에 명예를 얻으려고 좋은 인연을 맺고자 하며, 사업을 하는 데에 세상을 놀라게 하고 풍속을 해괴하게 만들며, 절의(節義)를 뿌리박게 하는 데에 이상한 일을 하여 기이함을 보이려 하면, 이는 모두 착한 생각 속에 있는 창칼이며, 옳은 일을 행하는 길의 가시나 마찬가지이다. 이는 갖기는 매우 쉬우나 떼어 버리기는 어려울 것이니, 모름지기 그 찌꺼기를 씻어 없애고 그 싹을 잘라 버려야만 비로소 본래의 참모습을 볼 수 있다.

|講義|

착한 일을 하는 것은 좋은 일이다. 하지만 그 착한 일을 빙자해서 스스로 자기가 잘난 체하여 남을 누르려고 한다면, 이것은 나의 위엄을 발휘하고자 하는 사욕이다. 자선을 행하고 은혜를 베푸는 것도 좋은 일이다. 하지만 그 은혜를 이용해서 자기의 명예를 요구하고, 이것으로 그와 좋은 의(誼)를 맺고자 하면, 이것은 은혜를 팔아서 명예와 호의(好誼)를 사는 장사꾼의 모리적인 영위(營爲)와 같다.

사업을 이루는 것은 좋은 일이다. 하지만 세상을 살아가는 데에 당연한 일을 행하지 않고 반드시 세속을 놀라게 하는 기이한 일을 하려고 한다면, 이것은 인생의 분수 안에 있는 의무를 다하는 것이 아니라 남에게 특별한 칭찬을 받고자 하는 명예심이다.

절의(節義)를 세우는 것도 좋은 일이다. 하지만 특이한 일을 표방하고 기괴한 것을 남에게 보이고자 한다면, 이것 역시 명성(名聲)을 구하고 기이한 것을 좋아하는 사정(私情)에서 나오는 것이다.

때문에 착한 일을 하는 것, 은혜를 베푸는 것, 사업을 이룩하는 것, 절의를 세우는 것 등은 모두 선량한 생각이요 정당한 이치의 향로(向路)이기는 하지만 잘난 체하여 남을 누르려고 한다거나, 명예를 구하고자 호의(好誼)를 맺으려 하거나, 세상을 놀래고 풍속을 해괴하게 하거나, 이상한 것을 드러내고 기이한 일을 보여 주려 하는 일 등은 모두 창칼과 같아서 착한 마음을 손상시키고, 가시와 같이 올바른 길을 방해하는 것들이다. 이것은 가장 범하기 쉽고 가장 없애 버리기 어려운 것이니, 모름지기 그 찌꺼기를 씻어 없애고 그 싹을 끊어 버려야만 본래의 참모습을 보게 될 것이다.

原文

能輕富貴 不能輕一輕富貴之心 能重名義 又復重一重名義之念 是事境之塵氛未掃 而心境之芥蔕未忘 此處拔除不淨 恐石去而草復生矣

讀解

부귀는 경하게 여길 수 있지만, 부귀를 경하게 여길 수 있는 한 가지 마음은 가볍게 여기지 못한다. 명분과 의리는 소중히 여길 수 있지만, 또나시 한 가지, 명분과 의리를 소중히 여기는 마음을 소중히 여기면, 이는 사물의 먼지를 씻어 없애지 못한 것이요, 심경의 사소한 지장을 잊지 못하는 것이다. 그러니, 여기에서 뽑아 없애 깨끗이 하지 못하면, 돌은 치웠지만 풀이 다시 날까 두려워진다.

[講義]

　사람이 능히 한세상의 부귀는 뜬구름처럼 경솔하게 여기면서도, 그 부귀를 경솔히 여기는 마음은 스스로 소중히 여기고 경솔히 여기지 못한다. 또 능히 명분과 의리는 소중히 여기면서도, 그 명분과 의리를 소중히 여기는 마음까지도 소중히 여긴다. 이것은 사물에 먼지를 떨어 없애지 못한 것이고 마음의 찌꺼기를 없애지 못한 것이다.

　왜냐 하면 부귀에서 오는 영화를 경솔히 여기는 것은 뜬세상의 명리(名利)를 멀리하는 맑고 높고 통달한 일이다. 또 명분과 의리를 소중히 여기는 것은, 속세의 정욕(情欲)을 떠나는 굳세고 밝고 쇄락한 뜻이다. 하지만 그 부귀를 경솔히 여기는 마음과 명의(名義)를 소중히 여겨서 그 일을 행할 때에는 심사가 희미하고 산란해서 은인자중하지 않고, 추솔하고 경박한 객기(客氣)로 자기의 성세(聲勢)를 헛되게 펴기가 쉬운 법이다. 그러니 이런 때에는 반성하여 자신에게 추솔·경박한 마음이 있는지 없는지를 살펴야 한다.

　일이 다 이루어져서 만사가 뜻대로 되었을 때에는 양양자득해서 교만·방자하기 쉬운 법이니, 이런 때에는 겸손하게 뒤로 물러서서 자기에게 교만한 사색(辭色)이 있는지 없는지를 살펴야 한다. 자기의 생각과 하는 일이 모두 실패하여 만사가 생각대로 되지 않으면, 침울해지고 고민하여 하늘을 원망하고 남을 탓하기 쉽다. 이런 때에는 자기 몸을 반성하여 원망하는 마음이 있는지 없는지를 살피고, 때때로 자신을 점검(點檢)해서, 만일 한가롭고 추솔·경박하며 교만하고 원망하는 과실이 있거든 즉시 뉘우치고 깨달아 점차로 허물을 적게 하고, 나아가서는 허물이 다시 없게 하여 순선무과(純善無過)의 사람이 된다면 이것이 바로 학문적인 진실인 것이다.

原文
士人有百折不回之眞心 纔有萬變不窮之妙用
讀解
선비가 백 번 꺾여도 굽히지 않는 진심이 있어야만 겨우 만 번 변해도 다하지 않는 묘용(妙用)이 있다.

講義
　백절불굴의 진심이란 것은 나에 대한 외물(外物)의 반동력(反動力)이 계속 강경해서, 나를 백 번씩이나 좌절시켜도 그 반동력으로 인해서 난관을 찾아서 초지일관(初志一貫) 굽히지 않고 더욱더욱 전진하는 참다운 심지(心志)를 말하는 것이다. 만변불궁(萬變不窮)의 묘용(妙用)이라는 것은 일정한 목적을 달성하기 위하여 만 가지 변화가 생겨도 다하지 않는 묘용을 말한다.

　선비가 세상에 처해서 공을 이루려면 반드시 백절불굴의 진심이 있어야 할 것이니, 고난과 장애의 백 가지 일을 당해도 조금도 굴복하지 않는 진심이 있으면 가히 영원하고 위대한 경륜(經綸)을 가질 것이다. 또 그 영원하고 위대한 목적을 달성코자 한다면, 앞길이 아득하고 기간이 오래 걸려서, 그 중간에는 상당한 변화를 겪지 않을 수 없다.

　그러므로 백절불굴의 진심이 있어야만 만변불궁의 묘용이 있는 것이다. 사람이 일정한 입지(立志)가 없으면 일정한 목적 없이 목전의 이해만을 좇게 된다. 그리하여 추솔·경박한 객기와 비루한 정욕이 금세 일어났다가 졸지에 없어지리라. 아침에 변하고 저녁에 그쳐질 것이니, 어찌 일정한 목적을 달성하기 위해서 응용하는 만변불궁의 묘용이 있겠는가?

[原文]

立業建功 事事要從實地着脚 若少慕聲聞 便成僞果 講道修德 念念要從虛處立基 若稍計功效 便落塵情

[讀解]

사업을 이룩하고 공을 세우는 데에는 모든 일에 실지를 좇아 발을 붙이도록 할 것이다. 만일 조금이라도 성문(聲聞)을 사모하게 되면 문득 헛일을 이룰 것이다. 또 도(道)를 강론하고 덕을 닦는 데에는 생각마다 허심을 좇아서 터전을 세우도록 할 것이다. 만일 조금이라도 공효(功效)를 계산한다면 문득 세속의 물정에 떨어지고 말 것이다.

[講義]

공업(功業)을 세우는 사람은 모든 일에 실지를 좇아서 앞으로 나아가는 발을 디뎌야 할 것이다. 만일 실지를 떠나서 조금이라도 명성을 사모하게 된다면 진실한 공업은 이루지 못하고 문득 허위의 결과를 이룰 것이다.

도덕을 강론하고 닦는 사람은 생각마다 탐욕이 없는 허심을 따라 기본을 세워야 할 것이다. 만일 허심을 갖지 않고 공리(功利)의 효과만을 얻으려고 계획한다면 도리어 도덕에 어긋나서 세속의 욕정에 떨어지고 말 것이다. 그러므로 공업을 도모하는 자는 먼저 명예를 얻으려는 마음을 버리고, 도덕을 닦으려는 자는 반드시 효과를 노리는 생각을 끊어야 할 것이다.

原文

一點不忍的念頭　是生民生物之根芽　一段不爲的氣節 是撑天撑地之柱石 故君子於一蟲一蟻 不忍傷殘 一縷一絲 勿容貪冒 便可爲民物立命 天地立心矣

讀解

한 점의 참지 못하는 염두는 이것이 백성을 낳고 물건을 낳는 뿌리와 싹이다. 한 토막의 행하지 않는 기절(氣節)은 이것이 하늘과 땅을 버티는 기둥과 주춧돌이다. 그러므로 군자는 한 마리의 벌레나 개미 한 마리도 차마 죽이지 못하고, 한 오라기 실의 탐욕도 용납하지 않아야 한다. 이래야만 가히 백성과 물건을 위하여 하늘이 부여한 본성을 보전하고 천지의 근원이 이뤄질 것이다.

講義

살해하는 것을 차마 하지 못하는 한 점 생각은 이것이 바로 백성과 만물을 생성(生成)시키는 뿌리나 싹과 같다. 또 이치에 안 맞는 행동을 하지 않는 한 토막의 기개와 절의는 천지를 버티는 기둥과 주춧돌 같다. 그러므로 도덕을 닦는 군자는 벌레나 개미 한 마리라도 죽이지 아니하고, 실 한 오라기 같은 하찮은 물건이라도 탐내지 않는다. 이것이 바로 백성과 만물을 위하여 본성을 보전시키고 근원을 이루는 것이 된다.

왜냐 하면 벌레나 개미 한 마리를 죽이지 않는다는 것은 지극히 적은 일이지만, 이것은 측은히 여기는 마음이 담겨 있는 것이다. 곧 이는 인(仁)에서 나오는 싹이니 이것을 배양해서 인(仁)을 키운다면, 족히 사람을 구제하고 물건을 이롭게 하는 자선(慈善)을 이룰 것이다.

또 한 오라기 실을 탐내지 않는다는 것은 지극히 적은 행동이지만, 이것은 부끄러운 마음으로서 의(義)에서 생기는 단서이다. 그러므로 이것을 이행해서 정의(正義)를 원만히 성숙시키면, 족히 천지를 버티어 세우는 기개와 절의를 세워야 할 것이다. 어찌 백성과 만물을 위하여 본성을 보전시키고 근원을 이룸이 되지 않겠는가?

[原文]

學者動靜殊操 喧寂異趣 還是煅煉未熟 心神混淆故耳 須是操存涵養 定雲止水中 有鳶飛魚躍的景象 風狂雨驟處 有波恬浪靜的風光 纔見處一化齊之妙

[讀解]

학자가 동정(動靜)의 지조를 달리하고 시끄럽고 고요한 취미를 달리하면 도리어 단련이 아직 익숙하지 못하여 마음이 혼란하고 잡될 뿐이다. 모름지기 더욱 수양해서 구름이 멈추고 물이 그치는 속에서는 솔개가 날고, 물고기가 뛰는 기상이 있고, 미친 바람과 소나기가 내리는 곳에는 파도를 쉬게 하고, 물결을 고요하게 하는 풍광이 있으면 겨우 처지가 동일하고 만화(萬化)가

같은 묘리를 볼 수 있을 것이다.

[講義]

  도를 배우는 자가 동정(動靜)을 좇아서 지조 지키기를 굽히고, 시끄럽고 고요한 처지로 인하여 취미를 고쳐서 시끄러울 때에는 분망·복잡하고, 고요할 때에는 침묵하고 어두워서 밖의 사정에 따라 마음 지키기를 변개한다면, 이것은 객기(客氣)를 잊는 마음의 단련이 미숙하고 심신이 흐리고 복잡하기 때문이다. 모름지기 심신을 더 수양해서 구름이 멈추고 물이 쉬는 것 같은 적막 속에서 솔개가 날고 물고기가 뛰는 활발한 기상을 가질 것이며, 모진 바람이 불고 소나기가 후리치는 시끄러운 곳에서, 파도를 멈추고 물결을 가라앉히는 깨끗하고 고요한 풍광을 갖는다면, 이것은 적막 속에 움직이는 이치를 보고 시끄러운 곳에 고요한 이치를 보게 될 것이다. 이로써 동정(動靜)에 따라 지조를 달리하거나, 시끄럽고 고요한 데에 따라 취미를 변개시키는 편벽됨을 없애는 것이니 백 가지 처지가 똑같고 만 가지 교화가 똑같은 묘리가 여기에 있는 것이다.

[原文]

心是一顆明珠 以物欲障蔽之 猶明珠而混以泥沙 其洗滌猶易 以情識襯貼之 猶明珠而飾以銀黃 其滌除最難 故學者不患垢病 而患潔病之難治 不畏事障 而畏理障之難除

[讀解]

  마음은 곧 한 덩이의 아름다운 구슬이니, 물욕으로써 가리는 것은 아름다운 구슬을 진흙이나 모래에 섞은 것과 같아서 씻어 버리기가 오히려 쉽다. 그러나 감정의 의식(意識)으로 가까이하는 것은 아름다운 구슬에 금은을 칠한 것과 같아서 그것을 닦아 내기가 매우 어려운 것이다. 그러므로 학자는 더러운 병을 근심할 것이 아니라 깨끗한 병의 고치기 어려움을 걱정할 것이며, 일의 방해를 두려워하지 말고 이치를 막는 것의 없애기 어려움을 두려워할 것이다.

[講義]

마음은 원래 깨끗하고 흰해서 조그만 결점도 없는 한 덩이 아름다운 구슬과 같은 것이다. 이러한 마음을 물욕으로 엄폐해서 어둡고 어리석게 만드는 것은 마치 구슬을 진흙이나 모래에 섞어 놓은 것과 같아서 그것을 씻어 내기가 오히려 쉬운 일이다. 물욕으로 인하여 본심을 가리는 것은 다만 한때 어둡고 어리석게 될지 모르나, 하루아침에 그 잘못을 깨달아서 반성하고 스스로 몸을 닦는다면 어두운 것을 변개시켜 밝게 할 수 있고 어리석음을 고쳐서 지혜롭게 할 수 있다. 이것은 모래와 흙에 섞어 놓은 구슬을 씻어 내는 것처럼 쉬운 것이다.

그러나 감정적인 의식으로 친밀하게 들러붙어서 곡해(曲解)와 오해하는 마음이 생긴다면, 이것은 구슬을 금은으로 도금한 것 같아서 이것을 닦아 버리기가 매우 어려운 것이다. 그러니 학자는 물욕이 더럽히는 병을 조심할 것이 아니라 감정적인 의식으로 된 청결한 병을 근심할 것이며, 사물(事物)이 가리는 것을 두려워할 것이 아니라 마음의 가림을 두려워해야 할 것이다. 구구한 감정으로 심원한 이치를 곡해시켜 혼원(渾元)한 본심의 참모습을 손상시킴이 학자의 큰 병폐이니 경계하지 않으면 안 된다.

[原文]

軀殼的我 看得破 則萬有皆空 而其心常虛 虛則義理來居 性命的我 認得眞 則萬理皆備 而其心常實 實則物欲不入

[讀解]

온 몸뚱이의 나를 간파하면 곧 만유(萬有)가 모두 비어서 항상 허심(虛心)이니 허(虛)하면 곧 의리가 와서 있게 된다. 성명(性命)의 나를 인식하면 곧 만 가지 이치가 모두 갖추어져서 그 마음이 항상 차 있는 것이니 차 있으면 물욕이 들어오지 못하는 법이다.

[講義]

사람이 나기 이전을 생각해도 나의 몸뚱이는 없고, 죽은 후의 나를 생각해도 몸뚱이는 없다. 살아 있는 현재를 생각해도 홍안이 백발로 변하고, 쇠약하고 병들어 건강을 보존하지 못하여 나의 몸뚱이는 일정치 못한 것이다. 이렇게 몸뚱이로서의 내가 허망해서 진실하지 못함을 깨달으면 만물의 형체도 또한 내 몸뚱이와 같이 비어 있어서 구애가 없을 것을 알 수 있을 것이다. 그런데 사람들은 자기의 육체만을 위하기 때문에 여러 가지 물욕이 생겨서 본심을 막아서 가리는 일이 많다.

만일 육체의 나를 깨달아서 만물이 모두 공허함을 알면 일체의 물욕이 없어져서 그 마음이 항상 비고 밝을 것이다. 마음이 비어 있으면 공명정대한 의리가 마음속으로 와 있을 것이다.

육체의 나는 어떻게 변화하든지간에 본성(本性)의 진리만은 천지보다도 먼저 생겨서 그 시작한 때가 없고, 천지보다 뒤져서 그 끝이 없어서 모든 이치를 갖추고 만사에 대응하게 된다. 이러한 정신적인 나를 진실히 인식한다면 만 가지 이치가 마음속에 모두 갖추어져서 그 마음이 항상 진실한 것이요, 그 마음이 진실하면 물욕이 들어올 수 없는 것이다.

그렇건만 세상 사람들은 정신적인 나는 알지 못하고, 오직 육체적인 나만을 사랑하여 여러 가지 물욕에 구애되어 본성을 흐리게 만들고 있으니 참으로 애석한 일이다.

原文

我果爲洪爐大冶 何患頑金鈍鐵之不可陶鎔 我果爲巨海長江 何患橫流汚瀆之不能容納

讀解

내가 과연 너른 도가니와 큰 풀무가 된다면 어찌 단단한 금이나 둔한 쇠를 녹이지 못할까 걱정할 것이며, 내가 과연 큰 바다와 긴 강이 된다면 어찌 물이 옆으로 흐르거나 더럽혀짐을 용납할 수 없다고 근심할까보냐.

講義

넓은 도가니와 큰 풀무는 단단한 금이나 둔한 쇠를 녹일 수 있고, 큰 바다와 긴 강은 옆으로 흐르는 물과 더러운 것을 넉넉히 받아들일 수 있다. 사람도 이와 같아서 성대한 위덕(威德)이 마치 넓은 도가니와 큰 풀무 같다면, 단단한 금이나 둔한 쇠와 같이 어리석고 악한 자라도 어찌 감화시킬 수 없으랴?

또 넓고 통달한 도량이 큰 바다와 긴 강과 같다면, 물이 옆으로 흐르고 더럽혀진 것처럼 교만하고 간사한 자라도 어찌 이것을 용납하지 못하랴? 사물이 마음을 어긴다고 해서 남을 원망하지 말고 자기 마음을 반성해야 할 것이다.

原文

白日欺人 難逃淸夜之愧赧 紅顔失志 空貽皓首之悲傷

讀解

대낮에 사람을 속이면 맑게 갠 밤의 부끄러움을 피하기 어려우며, 소년 시절에 뜻을 잃으면 늘그막에 공연히 슬퍼지는 것이다.

講義

대낮은 밖으로 복잡한 사물들을 상대하고, 안으로 여러 가지 정욕(情欲)을 일으키는 때다. 맑게 갠 밤은 사물이 모두 조용하고 정욕이 모두 쉬어서 마음도 고요하고 기운도 맑은 때다. 대낮에 물욕의 견제를 받아서 남을 속이다가 삼라만상이 모두 적적한 밤에 이르러 정욕이 움직이지 않는 본심으로 스스로를 생각하면 부끄러움이 앞서서 얼굴이 붉어질 것이다. 또 기운이 강건하고 정신이 맑은 소년 시절에 뜻을 잃어서 덕업(德業)을 이루지 못하면 쇠약하고 암혼해져서 머리털이 희어지는 말로(末路)에 가서 쓸데없는 후회를 참지 못하여 한갓 적막한 슬픔을 남기게 되는 것이다.

그러므로 사람이 밤중에 생겨나는 부끄러움을 면하려면 대낮에 남을 속이지 말아야 하고, 늙어서 슬퍼하는 일이 없으려면 소년 시절에 뜻을 잃지 말아야 할 것이다.

原文

以積貨財之心 積學問 以求功名之念 求道德 以愛妻子之心 愛父母 以保爵位之策 保國家 出此入彼 念慮只差毫末 而超凡入聖 人品且判星淵矣 人胡不猛然轉念哉

讀解

재물을 쌓아 두는 마음으로 학문을 쌓아 두고, 공명(功名)을 구하는 생각으로 도덕을 구하고, 처자를 사랑하는 마음으로 부모를 사랑하고, 작위를 보존하는 방법으로 나라를 보존할 것이다. 여기에 나오고 저기에 들어가는 것은 다만 터럭 하나의 차이지만, 범인을 초월해서 성인(聖人)에 들어가는 것은 인품이 또한 천양(天壤)의 차이니 사람이 어찌 맹렬히 이를 깨닫지 않는 것인가?

講義

재물을 축적하는 것과 공명을 구하는 것, 처자를 사랑하는 것과 벼슬을 보존하는 것은 모두 세정(世情)의 사욕이다. 또 학문을 쌓는 것과 도덕을 구하는 것, 부모를 사랑하는 것과 국가를 보존하는 것은 사람으로서의 상도(常道)이다. 그러나 세상 사람들은 사욕이 몹시 성해져서 상도를 기피하는 자가 많다. 그러니 마땅히 한 번 생각을 돌이켜서, 재물을 축적하는 마음으로 학문을 쌓고, 공명을 구하는 생각으로 도덕을 구하며, 처자를 사랑하는 마음으로 부모를 사랑하며, 벼슬자리를 보존하는 마음으로 국가를 보존할 것이다.

이 사욕에서 빠져나와 저 상도(常道)로 들어가면 반드시 범부의 한계를 초월해서 성인의 경지에 들어갈 것이다. 사욕에서 빠져나와 상도로 들어간다는 그 마음씨는 실로 터럭 하나의 차이에 지나지 않는다. 그러나 범인을 초월해서 성인의 경지에 들어가는 인품은 하늘과 땅만큼의 격차이니, 사람들이 어찌 깨달아서 터럭만한 마음을 돌이켜서 성인의 경지에 들지 않는가?

原文

塞得物欲之路 纔堪闢道義之門 弛得塵俗之肩 方可挑聖賢之擔

讀解

물욕의 길을 막아야만 겨우 도의의 문을 열 수 있고, 속세의 어깨를 늦추어야 비로소 성현(聖賢)의 짐을 질 수 있다.

講義

사물의 사욕과 공도(公道)의 정의(正義)는 병행하지 못한다. 또 세속의 보잘것없는 용무와 성현의 책임은 서로 같지 못하다. 그러므로 도의의 정문을 열고자 한다면 먼저 물욕의 사사로운 길을 막아야 할 것이요, 성현의 짐을 지려면 반드시 세속에 오염되어 공연히 으스대는 어깨를 잡아내려야 할 것이다.

原文

融得性情上偏私 便是一大學問 消得家庭內嫌隙 便是一大經綸

[讀解]

성정상(性情上)의 편벽되고 사사로움을 융통할 수 있으면 이것은 문득 큰 학문하는 사람이 될 수 있고, 가정 내의 간격을 해소시킬 수 있으면 문득 큰 경륜을 이룰 수 있다.

[講義]

성정상(性情上)의 편벽됨이나 사사로움을 융화시켜서 공평하게 하는 것은 근세의 이른바 덕육(德育)이다. 사람이 지육(智育)과 체육(體育)을 아무리 배워 익혀도, 이 덕육을 원만하게 이루지 못해서, 마음씀이나 일 처리에 편벽됨이 많으면, 이것은 근본이 없는 지엽적인 학문에 지나지 못한다.

그러므로 덕육에 힘써서 성정상의 편벽됨과 사사로움을 융화해 없앤다면 이것이 바로 큰 학문을 이루는 것이다. 또 나라를 다스리고 천하를 평정하는 경륜도 가정을 화목하게 함에서 비롯되는 것이니 가족 사회의 화목을 보존하여 가정 안의 혐의나 간격을 없앤다면 이것이 바로 하나의 큰 경륜인 것이다.

[原文]

才智英敏者 宜以學問攝其躁 氣節激昂者 當以德性融其偏

[讀解]

재주와 지혜가 영특하고 민첩한 자는 학문으로써 그 조급함을 다스려야 하고, 지조가 지나치게 센 사람은 덕성으로써 그 편벽됨을 융화시켜야 한다.

|講義|

　재주와 지혜가 영특하고 민첩한 사람은 지혜와 과단성이 지나치게 빨라서 매사에 경박하고 조급하기 쉽다. 이런 사람은 학문을 널리 익혀서 그 경박하고 조급함을 억제해야 한다. 또 지조가 지나치게 센 사람은 의협심이 너무 강해서 매사에 편벽되고 급하기 쉽다. 이런 사람은 덕성을 배양해서 그 편벽되고 급한 마음을 융화시켜야 한다.

|原文|

雲烟影裡現眞身　始悟形骸爲桎梏　禽鳥聲中聞自性　方知情識是戈矛

|讀解|

　구름과 연기의 그늘 속에 참다운 자신을 드러내면 비로소 형체가 속박[桎梏]됨을 알게 된다. 또 새소리 속에 자신의 성품을 들으면 바야흐로 감정의 의식이 바로 무기[戈矛]임을 알 수 있다.

|講義|

　사람의 형체 없는 참다운 자신이라는 것은 구구한 육체에 국한되는 것이 아니다. 시간을 떠나서 영겁(永劫)으로 변하거나 없어지지 않고, 공간에 가득 차서 있지 않은 곳이 없는 것이다. 그러므로 흰 구름이나 검은 연기 그림자 속에서도 족히 그 참다운 자신을 볼 수가 있는 것이다. 만일 이 이치를 깨달아서 구름이나 연기 그늘 속에 참다운 자신을 드러낸다면 자신의 구속됨을 깨달을 것이다. 육체로 인해서 여러 가지 정욕

이 일어나고 모든 고통이 생겨서 무한한 부자유를 느낌이 마치 사람에게 질곡을 채우는 것과 같다는 것이다. 그러므로 사람의 의식도 자기 성품에서 나오는 것이기는 하지만, 활달하고 공허해서 형체가 없는 자기 본성은 구구한 의식에 한한 것이 아니라 공간이 모두 빛에 나타나지 않는 것이 없다.

또 조그만 새소리 속에서도 족히 자기 성품을 들을 수 있는 것이니 만일 이 이치를 안다면 의식이라는 것이 나를 해치는 창칼과 같다는 것을 알 것이다. 의식이란 물욕과 망령된 심정이 가로막혀서 희로애락의 차별이 서로 충돌하여 모든 번뇌를 일으킴이 마치 무기들이 서로 부딪쳐서 사람을 상하게 하는 것과 같다.

그러므로 이것을 심상히 보아 넘기지 말고, 그 현묘(玄妙)한 이치를 얻는다면 수양의 참다운 취미를 얻을 것이다.

原文

人欲從初起處剗除 便似新蒭遽斬 其工夫極易 天理自乍明時充拓 便如塵鏡復磨 其光彩更新

讀解

욕심이 처음으로 일어나는 곳을 잘라 없애면, 새로 나오는 풀을 즉각 뽑아 없애는 것 같아 그 공부가 매우 쉬운 것이다. 하늘의 이치도 처음 밝아질 때에 얻어서 마음에 채운다면 문득 먼지 낀 거울을 다시 닦는 듯하여 그 광채가 도로 새로워질 것이다.

講義

인욕이란 것은 사람의 사욕이며 하늘의 이치는 사물의 공변된 이치이다. 인욕을 막고 천리(天理)를 둔다는 것은 사람으로서의 당연한 공부이다.

인욕과 천리의 구별은 실로 한 가지 생각의 차이에서 생기는 것이니, 인욕이 처음으로 생길 때에 마음을 돌이켜서 없앤다면 마치 새로 나오는 풀을 즉각 뽑아 버리는 것과 같아서 공부하기가 매우 쉽다.

아무리 어리석은 사람이라도 가끔 본심 속에 있는 천리가 저절로 밝아지는 때가 있는 법이니, 이 천리가 잠깐 밝아질 때 이것을 마음속에 채우고 다시 개척한다면 마치 먼지가 낀 거울을 닦는 것과 같아서 그 광채가 다시 선명해질 것이다.

原文

事理因人言而悟者 有悟還有迷 總不如自悟之了了 意興從外境而得者 有得還有失 總不如自得之休休

讀解

사리(事理)를 남의 말에 의하여 깨닫는 자는 깨달음이 있어도 도리어 흐려져서 자기 스스로 깨달아 아는 것만 같지 못하다. 뜻을 밖으로부터 얻는 자는 얻는 것이 있어도 도리어 잃기가 쉬우니, 모든 것을 스스로 얻어 충분히 아는 것만 못하다.

講義

 사람이 사리를 깨닫는 데에 있어서 남의 말에 의해서 깨닫는 자는 비록 깨달음이 있어도 도리어 의혹이 생겨 자기 스스로 깨달아 아는 것만 못하다. 왜냐 하면 남의 설명을 듣고 사리를 깨닫는 자는 남의 설명을 들을 때에는 깨닫는 것 같지만 남의 설명이 없으면 곧 의혹이 생기고 잊어버리게 된다. 그러나 자기 마음으로 연구해서 깨달은 자는 남의 설명의 유무와 상관없이 항상 분명하게 알 수 있다.

 또 의취(意趣)나 흥미를 오직 밖에서 얻는 자는 밖에 좋은 경치가 있으면 흥취가 있고, 밖에 좋은 경치가 없어지면 흥취도 곧 사라져 없어지게 마련이다. 그러니 밖의 경치를 기대하지 않고 마음속으로 스스로 얻어 항상 유유자적함만 같지 못하다.

 이는 밖의 경치에 의한 득실의 흥취이니 어찌 슬프고 쓸쓸한 곳에서도 담담하고 화평한 마음을 갖고, 적막한 곳에서도 한가로운 흥취를 가져서 밖의 경치에 구애를 입지 않는 자득(自得)의 흥취가 항상 넉넉한 것과 같겠는가?

2. 應 酬

講義

응수(應酬)란 일체의 사물을 응접하고 수작하는 것을 말한다. 사람은 사교적인 동물이니 고립된 생활을 할 수 없다. 그러므로 천태만상(千態萬象)의 인간관계가 모두 자기의 활동을 동반하여 일어나고 있는 것이다. 이와 같이 몰아치는 복잡한 사물에 대하여 응수의 도(道)를 얻지 못한다면 어찌 세상을 안전하게 살아갈 수 있겠는가? 물건과 물건 사이에 상대적으로 생기는 행불행과 이해 득실 관계가 분분(紛紛)하여 정해지지 않으니 이 응수의 도를 생각하지 않을 수 없다.

原文

操存 要有眞宰 無眞宰 則遇事便倒 何以植頂天立地之砥柱 應用 要有圓機 無圓機 則觸物有碍 何以成旋乾轉坤之經綸

讀解

절개를 지키는 데에 꼭 참마음의 주재(主宰)가 있어야 한다. 참마음의 주재가 없으면 일을 만나면 넘어지리니, 갑자기 어찌 하늘을 떠받치고 땅에 지주(砥柱)를 세울 수 있겠는가. 응용하는 데에 원만한 기틀이 있어야 한다. 이 원만한 기틀이 없으면 곧 물건의 접촉에 장애가 있을 것이니, 어찌 하늘을 돌리고 땅을 굴리는 경륜을 이룰 수 있겠는가?

[講義]

지주(砥柱)라는 것은 하늘과 땅을 버티는 산을 말한다. 옛날에 부주산(不周山)이 하늘과 땅을 버티어 주었다. 그런데 공공씨(共工氏)와 대정씨(大定氏)가 서로 싸우다가 공공씨가 머리로 부주산을 치받아서 산이 무너져 하늘이 기울어졌다. 이에 여왜씨(女媧氏)가 오색 돌을 갈아서 무너진 곳을 메웠다는 말이 있는데 이를 지주라고 한다.

사람이 자신에 대하여 지조를 지키고 수양을 쌓는 데에는 참마음의 주재(主宰)가 있어야 한다. 참마음의 주재가 없으면 일정한 입지(立志)가 있을 수 없다. 이리저리 흔들리고 산만해서 무슨 일을 당하든지 그 일을 따라서 옮겨지고 변경된다. 이 어찌 천지를 버티어 붙드는 지주(砥柱)와 같이 굽히지 않고 흔들리지 않는 지조를 세울 수 있으랴?

사물을 응용하는 데에는 원활한 기능이 있어야 한다. 이 원활한 기능이 없으면 한 쪽으로 치우치고 침체하여 무슨 일을 당하든지 장애가 있을 것이다. 이 어찌 하늘과 땅을 흔들고 돌릴 만한 큰 경륜을 이룰 수 있으랴? 그러므로 사람은 마땅히 일정한 주재를 태산과 같이 뚜렷이 세워 어떤 난관이나 어떠한 유인을 만나더라도 조금도 변동되지 말고, 또 사물을 응용하는 데에는 원만한 기틀을 움직여서 어떠한 사변을 만나도 장애가 없이 통달하도록 해야 할 것이다.

[原文]

士君子之涉世 於人不可輕爲喜怒 喜怒輕 則心腹肝膽 皆爲人所窺 於物不可重爲愛憎 愛憎重 則意氣精神 悉爲物所制

[讀解]

사군자(士君子)의 세상살이는 남에게 경솔히 희로(喜怒)를 나타내지 말 것이다. 희로를 경솔히 나타내면 개성(個性)과 마음속이 모두 남에게 엿보이게 될 것이다. 또 물건에 대해서는 애증(愛憎)을 심하게 하지 말 것이다. 애증을 심하게 하면 의기(意氣)와 정신이 모두 물건의 제어를 받게 될 것이다.

[講義]

사군자(士君子)가 세상을 살아 나가는 데에는 남에게 대하여 기쁨과 노여움을 경솔하게 표현하지 말아야 한다. 만일 조금 마음에 쾌한 일이 있다고 해서 곧 기쁜 빛을 드러내고, 조금 마음에 거슬리는 일이 있다고 해서 이내 노한 기분을 내어 기뻐하고 노여워하는 것이 너무 지나치게 민첩하면, 남들이 그 사람의 외형에 나타나는 이 희로의 빛을 보고서 그 속에 숨어 있는 마음과 창자 속까지도 엿볼 수 있는 것이다.

또 외물에 대하여 사랑하고 미워하는 것도 과중하게 하지 말 것이다. 만일 사랑하고 미워하는 것이 지나치게 편벽되어서 혹시 사랑에 집착하거나 미움이 지나치게 되면, 사랑과 미움에 여러 가지 부자유한 일이 생겨서 의기와 정신이 외물의 제재를 받게 되는 것이다.

原文

心體澄澈 常在明鏡止水之中 則天下自無可厭之事 意氣和平 常在麗日光風之內 則天下自無 可惡之人

讀解

마음이 맑고 깨끗해서 항상 명경지수(明鏡止水) 속에 있으면, 곧 천하에 스스로 미워할 일이 없다. 의기와 화평해서 언제나 여일광풍(麗日光風) 속에 있으면, 곧 천하에 스스로 미워할 사람이 없는 것이다.

講義

한 점의 티끌도 없는 밝은 거울과 한 오라기 터럭만한 물결조차 없는 고요한 물에는 물건이 비칠 때마다 그 물체의 장단과 미추(美醜)를 막론하고 그 형체를 나타낸다. 사람의 마음도 맑고 비어 있음이 이러한 밝은 거울이나 고요한 물과 같아서 만사의 진리를 비춰 주고, 기쁘고 미워하는 정욕(情欲)의 구애가 없으면 이 천하에는 미워할 일이 없다.

또 밝고 고요한 일기와 빛나는 화평한 풍경은 만물을 발육시켜서 지초·난초와 같은 상서로운 화초나 가시나무를 가리지 않고 모두 그 발육을 돕는다. 사람의 의기도 융화되고 평등해서 선악과 사정(邪正)을 가리지 않고 포용해 준다면 천하에 미워할 사람이 없을 것이다.

그러므로 사람은 항상 마음을 맑고 깨끗하게 가지고 의기(意氣)를 화평하게 하여 외물(外物)에 대한 편벽된 고집을 없애야 한다.

原文

當是非邪正之交 不可少遷就 小遷就 則失從違之正 值利害得失之會 不可太分明 太分明 則起趨避之私

讀解

시비·곡직을 가릴 때를 당하면 이것을 조금도 늦추지 말 것이다. 조금이라도 늦추면 옳고 그른 것을 잘못 판단하게 된다. 이해·득실에 관해서는 너무 분명하게 하지 말 것이다. 지나치게 분명히 하면 이로움만 취하고 해로움을 피하는 폐단이 생길 것이다.

講義

 의리에 대하여 시비와 곡직을 구분하는 기회를 만나면, 이것을 늦추어 끌지 말고 즉석에서 속히 결정해서, 그른 것과 간사한 것을 버리고 옳고 바른 것을 취해야 한다. 만일 이것을 늦추고 결정하지 않으면, 옳은 것과 바른 것을 취하고 그른 것과 간사한 것을 버리는 정도(正道)를 잃기가 쉽다.

 또 사욕(私欲)에 대해서 이해·득실의 기회를 당하면 너무 지나치게 분명히 이를 계산하여, 이득을 취하고 손해되는 것만을 버리지 말아야 한다. 왜냐 하면 사욕의 이득이 도리어 의리에는 손해되는 수가 있다. 만일 의리를 돌아다보지 않고 이해와 득실만을 계산한다면, 사욕에 흘러 정의를 회피하는 사정(私情)이 생기게 될 것이다.

 그러므로 사욕의 이해와 득실은 계산하지 말고, 의리에 있어서의 시비와 곡직을 가려 행할 것이다.

[原文]

蒼蠅附驥 捷則捷矣 難辭處後之羞葛蘿依松 高則高矣
未免仰攀之恥 所以君子 寧以風霜自挾 毋爲魚鳥親人

[讀解]

쉬파리가 천리마에 붙어다니면 빠르기는 빠르다. 그러나 남의 뒤에 붙어 있다는 수치는 씻기 어렵다. 겨우살이가 소나무에 따라 자라면 높기는 높이 올라간다. 하지만 남에게 의지하여 올라간 부끄러움은 면치 못할 것이다.

그러므로 군자는 차라리 바람과 서리를 견디어 고생할지언정, 물고기나 새가 사람에게 아양 떠는 것 같은 짓은 하지 말아야 한다.

[講義]

쉬파리가 천리마의 꼬리에 붙어서 하루에 천리 길을 간다고 하면 그 속도가 얼마나 빠르겠는가. 그러나 이것은 파리 자체가 움직이는 힘이 아니고 남의 힘으로 되는 것이다. 그러니 말꼬리에 붙어다니는 수치를 없애기가 어려울 것이다.

겨우살이가 큰 소나무에 감겨 백 길이나 올라가게 자라면 그 길이가 높기는 매우 높다. 하지만 이것은 독립해서 자란 것이 아니라 남에게 의지해서 자란 것이니 소나무에 기댄 부끄러움을 면치 못할 것이다.

사람도 이와 같아서 구구한 졸장부나 아첨하는 소인배(小人輩)는 자기가 가지고 있는 자유를 희생하고 종의 시늉을 하면서 세력 있는 자에게 아부하여 의리 아닌 영화를 도모하는 자가 있다. 이러한 자는 가령 일시적인 욕망을 달성한다 해도 일이 끝난 뒤에는 남에게 아첨한 수치를 씻어 버릴 수 없을 것이다.

그러므로 군자는 차라리 찬 바람과 된서리 같은 빈궁과 난관을 몸소 겪어 송백(松栢) 같은 기개를 보존할지언정, 어린 물고기나 조그만 새가 사람에게 친해서 불쌍히 여겨 주기를 바라는 것과 같이, 권문세족(權門勢族)에게 아부하여 일시의 영화를 얻으려고 하지 않는다.

原文

好醜心太明 則物不契 賢愚心太明 則人不親 士君子須是內精明而外渾厚 使好醜兩得其平 賢愚共受其益 纔是生成的德量

讀解

좋아하고 미워하는 마음이 너무 분명하면 물건이 따르지 않고, 똑똑함과 어리석음을 차별하는 마음이 너무 분명하면 사람이 친해지지 않는다. 사군자(士君子)가 모름지기 안으로는 정(精)하고 밝으면서도, 밖으로는 화기롭고 인정이 두터워서 좋은 것이나 추한 것을 모두 공평하게 대접하고, 똑똑하고 어리석은 사람에게 다 같이 유익함을 주어야만 비로소 일을 이룰 수 있는 덕성스런 도량이라 할 것이다.

講義

좋은 물건을 사랑하고 추한 물건을 미워하는 마음이 너무 명백하면 물건에 대한 선택이 심해서 물건들이 따르지 않는다. 또 똑똑한 사람을 사랑하고 어리석은 사람을 미워하는 마음이 너무 분명하면 사람에 대한 취사(取捨)가 많아서 모든 사람들이 친근하지 못하다.

그러므로 사군자(士君子)는 마땅히 안으로는 정밀하고 명백해서 좋아하고 미워할 줄을 분명히 알지만, 밖으로 화기롭고 인정이 두터워 사람을 평등하게 대우해야 할 것이다. 이리하여 좋아하고 미워하는 마음의 평등을 얻어서, 잘나고 못난 사람들이 다 함께 그 이익을 얻게 되면, 이것이 바로 일체의 백성과 물건을 생성(生成)하는 덕성스런 도량이 되는 것이다.

原文

士君子 濟人利物 宜居其實 不宜居其名 居其名 則德損
士大夫 憂國爲民 當有其心 不當有其語 有其語 則毀來

讀解

사군자(士君子)가 사람을 구제하고 물건을 이롭게 함에는 마땅히 그 실지가 있게 할 것이고, 그 이름을 얻으려 해서는 안 된다. 그 이름을 얻으려 하면 덕이 손상된다. 사대부가 나라를 근심하고 백성을 위함에는 마땅히 그 마음을 두어야 할 것이고 말로만 하지 말아야 한다. 말로써만 한다면 자기에게 비난이 온다.

講義

사군자(士君子)가 사람을 구제하거나 또 물건을 이롭게 도와 줌에 있어서는 마땅히 그 실지가 있도록 행할 뿐이요, 절대로 그 명예를 얻으려고 해서는 안 된다. 그 명예를 얻으려 애쓰면 반드시 겸양(謙讓)의 덕이 손상된다. 또 사대부(士大夫)가 국가를 위하여 조심하고 인민을 위하여 일하는 데에는 마땅히 그 마음으로써 해야 하고, 공연히 말을 먼저 하지 말 것이다. 만일 말을 먼저 입밖에 내어 내가 나라를 근심하는 충신이며 백성을 위하는 지사(志士)라고 자찬한다면, 헛소리만 하고 실상이 없는 사람이란 비방이 있을 것이다.

原文
使人有面前之譽 不若使其無背後之毀
使人有乍交之歡 不若使其無久處之厭

讀解
남을 면전에서 칭찬하는 것은 돌아서서 헐뜯는 일이 없는 것만 못하다. 또 남과 잠깐 사귀어 즐기는 것보다는 오래 사귀어도 싫증이 나지 않는 것이 낫다.

講義
남을 대하여 말할 적에 가식적인 위선(僞善)을 행하거나 혹 일시적인 은혜를 베풀면, 그 사람은 또 나에게 대해서 면전에서 칭찬해 줄 것이다. 그러나 그 가식적인 위선이나 일시적인 은혜는 시종이 여일한 성실함이 아니므로 마침내는 돌아서서 비방하게 된다. 그러므로 일시적인 거짓을 행해서 면전의 칭찬을 듣는 것보다는 시종 여일 성실하여 돌아서서 비방함이 없도록 하는 것이 낫다.

또 친구를 사귀되 처음 만나서 교제하는 데에 가식적인 방법으로 민활하게 대하면 잠시의 기쁜 마음을 얻을 수는 있지만 겉치레하는 방법은 실지로 공경하고 사랑하는 것이 아니므로, 오랫동안 함께 지내면 반드시 싫증이 나게 된다. 그러니 교제하는 방법으로 거짓을 써서 잠깐 사귀어 기쁜 마음을 얻는 것은 공경과 사랑을 실천하여 오래 사귀어도 싫증이 안 나는 것보다 못하다.

[原文]

善啓迪人心者 當因其所明而漸通之 毋强開其所閉 善移易風化者 當因其所易而漸反之 毋輕矯其所難

[讀解]

남의 마음을 잘 열어 주는 자는 마땅히 그 마음의 밝기에 따라 점차로 소통되게 해 줘야 하고, 닫혀 있는 것을 억지로 열어 주고자 하지 말아야 한다. 풍습의 교화를 바꾸려는 자는 마땅히 그 쉬운 점을 찾아서 점차로 바로잡아야 하고, 어려운 점을 경솔하게 고치려 하지 말 것이다.

[講義]

어리석은 사람의 마음을 열어 주어 현명하게 만들려면, 마땅히 그 사람이 이미 깨달은 곳으로부터 점차로 열어 줘야 할 것이다. 그 지혜가 아주 막힌 곳을 억지로 열어 주려고 해서는 안 된다. 왜냐 하면 아무리 어두운 사람이라도 그 마음에 트인 곳이 아주 없는 법이 없다. 먼저 그 트인 곳부터 점차로 고치고 열어 주게 되면 마음이 트이게 하는 공이 쉬울 것이요, 만일 그 지혜가 닫혀 있는 곳을 억지로 열고자 하면 마침내 그 효과를 얻지 못할 것이다. 비유해 말하자면 어린아이에게 유년 교육을 시키지 않고, 먼저 철학이나 화학 따위의 알기 어려운 학문부터 가르치게 되면 그 효과가 없는 것과 같다.

옛날의 습관을 고치고 새 법을 제창해서 일반의 풍습 교화를 고치려는 자는 마땅히 그 사소하고 용이한 일부터 개량해 나가다가 점차로 어려운 일에까지 미치게 할 것이다. 그렇지 않고 고치기 어려운 일부터 경솔하게 교정해서는 일이 이루어지지 못한다.

그러므로 근세에 이르러 새로운 국민을 동화(同化)하고자 하는 정치가들은 그 나라의 고유한 습관부터 소중히 여겨야 할 것이다.

原文

己之情欲不可縱 當用逆之之法 以制之 其道只在一忍字 人之情欲不可拂 當用順之之法 以調之 其道只在一恕字 今人皆恕以適己 而忍以制人 毋乃不可乎

讀解

자기의 정욕은 방종하게 갖지 말 것이다. 마땅히 거슬리는 방법을 써서 이를 억제해야 한다. 그 방법에는 하나의 '인(忍)'자가 있다. 남의 정욕은 거스르지 말 것이니 마땅히 순하게 해 주는 방법을 써서 조절해야 한다. 그러자면 다만 하나의 '서(恕)'자가 있을 뿐이다. 그런데 요새 사람은 반대로 모두 서(恕)로써 자기를 용서하고, 인(忍)으로써 남을 억제하고 있으니 이는 옳지 못한 일이다.

[講義]

자기의 정욕은 방종히 해서는 안 된다. 마땅히 억제하는 방법을 써서 억제해야 한다. 그런데 그 억제하는 방법은 다만 하나의 '참을 인(忍)' 자가 있을 뿐이다. 왜냐 하면 개인의 사욕을 방종히 버려 두면 공리(公理)를 배반하고 음란하고 나쁜데에 빠지게 된다. 마땅히 인내하는 방법을 써서 자기의 정욕을 억제해서 공리를 좇아야 한다.

이와 반대로 남의 정욕을 거슬러서는 안 된다. 마땅히 순응하는 방법을 써서 조절해 주어야 한다. 그 조절하는 방법은 오직 하나의 '용서할 서(恕)' 자가 있을 뿐이다. 왜냐 하면 남의 정욕을 거스르면 인덕(仁德)을 손상시켜 마침내 원한을 맺게 될 것이다. 마땅히 너그럽게 용서해 주는 방법을 써서 그 정욕을 순조롭게 조절해서 인덕을 길러야 할 것이다.

그런데 요즘 사람들은 이와 반대로 너그럽게 용서하는 마음으로 자기의 정욕을 내버려두고, 인내하는 마음으로 남의 정욕을 거스르고 억제하니 이 어찌 잘못이 아닌가?

[原文]

好察非明 能察能不察之謂明 必勝非勇 能勝能不勝之謂勇

[讀解]

따지기를 좋아하는 것은 현명함이 아니다. 따질 수도 있고 따지지 않을 수도 있는 것이 현명함이라 할 것이다. 반드시 이기는 것이 용맹이 아니다. 이길 수도 있고 이기지 않을 수도 있는 것이 용맹이라 할 것이다.

[講義]

밝은 지혜란 사물의 따질 것과 따지지 못할 것을 아는 것이다. 만일 마땅히 따질 것과 따지지 않을 것을 분별하지 못하고, 어느 물건이나 한결같이 가혹하게 따지기를 좋아하면 이는 현명함이 아니다. 따질 것은 따지고 따지지 않을 것은 따지지 않는 것이 현명한 것이다.

또 큰 용맹이란 분한 마음을 풀기 위해서 적을 누르는 수도 있고, 욕됨을 참기 위해서 나를 억제하는 수도 있다. 만일 분을 풀고 욕을 참는 득실을 조절하지 못하고, 일시에 객기로 인해서 반드시 적을 누른다면 이것은 큰 용맹이 아니다. 적을 눌러서 분함을 씻을 수 있고, 적을 누르지 않아서 욕을 참을 수도 있는 것이 큰 용맹이다.

바꾸어 말하면 따지고 따지지 않기를 자유자재로 할 수 있는 것을 현명하다 하고, 누르고 누르지 않기를 임의로 할 수 있는 것을 용맹이라 한다.

[原文]

隨時之內善救時 若和風之消酷暑 混俗之中能脫俗 似淡月之映輕雲

[讀解]

때를 따르는 속에서 때를 잘 구제하면 시원한 바람이 무더위를 씻어 주는 것과 같다. 풍속이 혼동되는 속에서 세속을 잘 벗어나면 밝은 달이 엷은 구름을 비쳐 주는 것과 같다.

[講義]

때를 구제한다는 것은 어지러운 시세를 만회해서 백성을 구제하는 것이다. 시세를 만회하는 자는 왕왕 당시 시세의 반대되는 방면에 서서 순전히 남과 충돌하는 행동을 고집하다가 일이 자기 마음을 좇지 않으면 극단적인 최후 실패를 초래하기 쉽다. 예를 들면 남에게 의뢰하기를 좋아하는 사회 풍조(風潮)를 만회코자 할 때에는 반드시 그 사회의 반대되는 곳에 서 있어 의뢰하는 사상을 통박하고, 독립의 정신을 환기해 주어야 할 것이다.

그렇게 하면 한 사람의 힘으로 전 사회를 역전(逆戰)하는 것이니 도도한 미친 물결 위에 외로운 돛대로써 거꾸로 가는 것과 같아서 그 힘을 지탱하기가 어려운 것이다. 그러므로 혹 참담한 고난과 격심한 분노를 참지 못해서 제 몸을 죽이는 참극까지도 있다. 그렇게 하여 제가 생각하는 만사가 수포로 돌아간다면 그 괴로운 뜻은 가상하다 하겠지만, 이는 실로 박약한 두뇌에서 생기는 개인적인 행동에 지나지 않는다. 이렇게 해서는 시국을 구제하는 큰 공을 원만하게 이루지 못할 것이니 마땅히 한때의 불평을 참아 삼키고, 아직 시세를 따르는 중에 임기응변의 수단을 잘 써서 점차로 그 시기를 구제한다면, 마치 시원한 바람이 무더위를 씻어 주는 것과 같이 급박한 폐해가 없어서 깨닫지 못하는 사이에 그 공이 이루어질 것이다.

또 세속에서 벗어나려 하는 자가 멀리 떠나서 유독 청정함을 탐한다면 도리어 고결(高潔)한 편정(偏情)에 치우쳐서 호기심의 속태(俗態)에 빠지기 쉽다. 혼탁한 세속에서도 능히 물들지 않고, 속정에서 벗어나려면 밝은 달빛이 엷은 구름에 비치는 것처럼 은연중에 그 색채를 어지럽히지 않고, 순전히 아름다운 탈속(脫俗)의 도인(道人)이 될 수 있을 것이다.

原文

思入世而有爲者 須先領得世外風光 否則 無以脫垢濁之塵綠 思出世而無染者 須先諳盡世中滋味 否則無以持空寂之苦趣

讀解

이 세상에서 무슨 일을 하려고 생각하는 자는 우선 속세 밖의 풍경을 알아야 한다. 그렇지 않으면 곧 더러운 속세의 인연을 벗어날 수 없다. 또 이 세상에 더러운 것이 없기를 생각하는 자는 우선 속세의 재미를 잘 알아야 한다. 그렇잖으면 곧 공적(空寂)한 아취(雅趣)를 누릴 수 없다.

講義

세상에 나서 무엇인가 바람직한 사업을 경영하려는 자는 명리(名利)와 욕심과 환락(歡樂)에 빠지기 쉽다. 그러므로 먼저 담박하고 공적(空寂)한 속세 밖의 풍경을 얻어서 세속의 구애를 받지 말아야 한다. 만일 세상 밖의 풍경을 깨달아 알지 못하면 더럽고 흐린 세속의 모든 인연을 벗어나지 못한다. 또 세상살이에 물들지 않고자 하는 자는 먼저 세상에 뛰어들어 물드는 재미를 모두 알아야만 그 물드는 것을 없앨 줄 알게 된다. 그렇게 한 뒤에 비로소 세상 밖의 고요함에 들어가서 여러 가지로 물듦에서 벗어날 수 있다. 만일 세상 속의 재미를 맛보지 못하면 세상 밖의 고요한 아취를 누리지 못한다.

일찍이 번거롭고 바쁜 것을 겪은 자는 한가롭고 조용한 취미를 좋아할 것이다. 반대로 번거롭고 바쁜 것을 겪지 못한 자가 한가롭고 조용한 곳을 만나면 도리어 무료하고 답답한 괴로움을 느낄 것이다. 그러므로 세상의 재미를 알지 못하고서 고요한 곳에 처하게 되면 고요한 아취를 누리지 못한다.

原文

與人者 與其易疎於終 不若難親於始
御事者 與其巧持於後 不若拙守於前

讀解

남과 사귀는 자는 그 종말에 소원(疎遠)해지기 쉽다. 그러므로 사귐은 애초에 친하기가 어려운 것이 오히려 낫다. 일을 처리함에는 그 종말에 성공을 거두는 것이 제일이니 시초에는 서투른 것이 낫다.

講義

남과 교제하는 자가 종말에 가서 소원해지기 쉬운 것은 애초에 붕우로서의 도리를 선택하지 않고, 아무렇게나 사귀기 때문에 그 교제가 길게 가지 못하고 뒤에 가서는 소원해지기 쉽다. 처음에 친해지기 어려운 것은 붕우의 지혜와 덕행을 가려서 경솔하게 교제를 허락하지 않기 때문이다. 이렇게 붕우의 도를 가려서 사귀는 자는 처음에는 친하기 어려우나 친해지게 되면 뒤에 가서 용이하게 소원해지지 않는다. 그러므로 사람과 교제하는 방법은 뒤에 가서 소원해지기 쉬운 것이 오히려 처음에 친해지기 어려운 것만 못하다.

일을 처리하는 자가 그 처리 과정에서 구차히 일을 교묘하게 꾸미는 것은 시작할 때에 일을 경솔히 시작했기 때문이다. 그러므로 사람이 일에 대한 깊은 지식과 원대한 생각이 없어서 사리(事理)의 가부를 확실히 알지 못한다든지, 또는 일이 끝난 뒤의 준비를 미리 하지 못하고 경솔히 진행해 나가다가 실패하게 되면, 구차하게 이를 미봉하고 교묘하게 유지하는 수가 있다. 그러므로 이것은 차라리 시작할 때에 보수적으로 서투르게 해 나가다가 상당한 동기를 기다려서 매듭짓는 것보다 못하다.

[原文]

功名富貴 直從滅處 觀究竟 則貪戀自輕 橫逆困窮 直從起處 究由來 則怨尤自息

[讀解]

공명(功名)과 부귀는 곧 없어지는 곳에서부터 궁극을 관찰하면 곧 탐욕이 저절로 적어진다. 또 횡액이나 곤궁은 이것이 생긴 곳에서부터 그 원인을 연구하면 곧 원망과 탓함이 저절로 사라질 것이다.

[講義]

세상에 가득한 공명(功名)과 하늘을 흔늘 만한 부귀라 할지라도 사람의 죽음과 일의 변천을 따라서 소멸하여 없어지는 법이다. 어떠한 공명과 부귀라도 그 소멸해 없어지는 일부터 생각한다면, 이것을 비록 얻어도 반드시 잃는다는 무상(無常)함을 깨달아서 탐내고 부러워하고 사랑하여 간절히 그리워하는 마음이 적어질 것이다.

또 의외의 횡액이나 억울한 곤궁이라도 그것이 생긴 곳에서부터 그 원인을 연구한다면, 이것은 내가 자취한 것이고 남의 과실이 아니라는 것을 알아서 하늘을 원망하고 사람을 탓하는 마음이 저절로 없어질 것이다. 그러니 공명과 부귀를 탐내고 욕심내지 말 것이며, 횡액과 곤경을 당해도 원망하는 마음을 갖지 말 것이다.

[原文]

宇宙內事 要力擔當 又要善擺脫 不擔當 則無經世之事業 不擺脫 則無出世之襟期

[讀解]

우주 안에 있는 일을 힘써 담당해야 하고, 또 이것을 잘 벗어나는 요령도 가져야 할 것이다. 일을 담당하지 못하면 곧 세상을 경영하는 사업이 없을 것이요, 벗어나지 못하면 세상에서 벗어나는 시원스러운 회포가 없을 것이다.

[講義]

사람은 우주 안의 허다한 큰 사업을 자력으로 담당하고, 또 능히 여기에서 벗어나기도 해야 한다. 자력으로 담당한다면 아무리 위대하고 곤란한 사업이라도 맘대로 해 나가서 최후의 성공을 남에게 양도하지 않을 것이다.

나폴레옹이 말하였다. '두려울 외(畏)자와 어려울 난(難)자는 프랑스 사람이 쓸 것이 아니다'라고. 이는 세상 일이 조금도 두렵거나 난관이 없음을 간파하여, 사람이 능히 자력으로 담당할 만함을 자신하는 말이다. 나폴레옹도 일곱 자밖에 안 된 하찮은 육체와 분주한 백년의 생애는 남과 다를 바 없다. 그런데 천하의 큰 사업을 독자적으로 담당했으니 어떠한 기백이 있어서 그랬던가? 이것이 우주 안의 일을 자력으로 담당한 한 가지 예(例)이다.

또 우주 안의 일을 잘 벗어나면, 아무리 완전한 사업이라도 이것을 탐하는 정욕(情欲)이 없어서 기회 있는 대로 물러나서 최후의 재앙을 면할 수 있다. 한(漢)나라 장양(張良)은 고조〔劉邦〕를 섬겨 천하를 얻은 뒤에, 인간의 모든 일을 버리고 신선 적송자(赤松子)를 따라 놀아 만절(晩節)을 보존할 수 있었다. 아, 쇠몽치를 창해역사(滄海力士)에게 주어 진시황(秦始皇)을 저격하고, 장막 속에서 계획을 세워 천리 밖에서 승리를 거두게 하여 세상에 드문 큰 공을 세운 만고 호걸 장양이 공명과 부귀를 헌신짝처럼 버리고 신선을 따라 솔잎을 먹고 지냈으니, 이것은 무슨 도량이었을까?

이것은 우주 안의 일을 벗어난 한 좋은 예이다. 우주 안의 일을 담당하지 못하면 두려워하여 일세(一世)를 경영하는 큰 사업이 없고, 또 영리를 벗어나지 못하면 항상 자유를 구속받아 속세를 벗어나는 쇄락한 회포가 없는 것이다.

原文

待人 而留有餘不盡之恩禮 則可以維繫無厭之人心
御事 而留有餘不盡之才智 則可以隄防不測之事變

讀解

사람을 대접하는 데에 여유가 있어, 끝 없는 은례(恩

禮)를 가지고 있으면 싫증이 없는 인심을 잡아 둘 수 있다. 일을 처리하는 데에 여유가 있어 무궁한 재주와 지혜를 갖고 있으면 헤아릴 수 없는 사변을 방지할 수 있다.

[講義]

남을 대우하는 데에 있어 처음에는 은혜를 베풀고 예의를 갖추다가도, 뒤에 가서 그것을 계속하지 않으면 그 사람은 다시 은혜와 예의를 입을 여망이 없어서 떨어져 나가기 쉽다. 만일 여유가 있고 끝 없는 은혜와 예의를 갖고 있어서 영구히 남의 욕망에 차도록 한다면, 싫증나지 않는 인심을 잡아 두어서 물러가지 않을 것이다.

또 일을 처리하는 데에 있어 일시에 그 재주와 지혜를 다해 버리고, 다시 나머지를 준비하지 않으면 다른 일에 대하여 다시 응용할 여력(餘力)이 없을 것이다. 만일 여유 있고 끝 없는 재주와 지혜를 준비하여 축적해 둔다면, 의외의 불측한 사변이 있어도 이를 용이하게 막아 내어 실패를 면할 것이다.

[原文]

仇邊之弩避 恩裏之戈難防 苦時之坎易逃 樂處之阱難脫

[讀解]

원수가 쏘는 쇠뇌의 살은 피하기 쉬우나 은혜를 베푼 사람이 찌르는 창은 막기 어렵다. 괴로울 때의 구덩이는 피하기 쉽지만, 즐거울 때의 함정은 벗어나기 어렵다.

講義

 원수는 항상 나를 해치려고 노리고 있다. 그러므로 그가 쏘는 쇠뇌살처럼 위태로운 일은 항상 조심스럽게 살펴서 피하기가 쉽다. 그러나 은혜를 베푸는 사람의 마음속에 숨은, 마치 창과 같이 사람을 해치는 일은 미리 깨달아 알지 못하기 때문에 이를 막기가 어렵다.

 원수에게 쇠뇌가 있다는 것은 누구라도 알거니와 은혜 속에 창이 있다 함은 무슨 말인가? 예를 들면 주인이 노비에게 깊은 은혜를 베푸는 것은 그 노비로 하여금 충성스럽고 부지런히 직책을 다하게 하기 위해서다. 노비가 그 은혜에 감동하여 충성스럽고 부지런히 직책을 다하면, 저도 모르는 사이에 그 자유의 인권(人權)을 잃게 마련이다. 이것은 주인의 그 은혜 속에는 남의 인권을 박탈하는 창이 있는 것이나 마찬가지다. 또 장군이 병졸들에게 후한 상을 주는 것은 그 병졸로 하여금 죽음으로써 용맹을 다하여 싸우게 하기 위함이다. 이는 장군의 은혜 속에 남의 생명을 빼앗는 창이 있는 것과 같다.

 이것은 은혜를 갚기 위하여 나의 행복과 권리를 희생하는 것이요, 또 남의 은총을 독차지할 때에는 다른 사람의 시기와 질투를 받아 의외의 참화(慘禍)를 입기가 쉽다. 그러니 이러한 화는 모두 은혜 속에 숨어 있으나 이를 깨닫는 사람이 적기 때문에 은혜 속의 창은 막기가 어렵다는 것이다.

 고통스러울 때의 구덩이는 피하기 쉽지만 쾌락할 때의 함정은 벗어나기 어렵다. 빈궁의 고난이나 감옥살이의 고통은 모두 남을 괴롭히는 구덩이와 같은 것이다. 그러나 사람이 항상 근심하여 이를 피해서 죄악과 방탕에 빠지지 않으면 그 화의 구덩이를 피하기 쉬울 것이다. 그러나 만일 부귀·공명과 맛

좋은 술, 아름다운 여색의 쾌락을 즐기는 자는 일시적인 정욕에 빠져서 부귀·공명 속에 시기와 쟁탈의 화가 숨어 있는 함정이 있다. 또 맛있는 술이나 아름다운 여인에게 생명을 빼앗는 함정이 있는 줄 모르고, 점차로 여기에 깊이 들어가서 그 화를 벗어나지 못한다. 그러므로 사람은 마땅히 남의 은총을 탐내지 말고 쾌락한 곳을 더욱 삼갈 것이다.

原文

落落者難合 亦難分 欣欣者易親 亦易散 是以君子 寧以剛方見憚 毋以媚悅取容

讀解

너그럽고 의젓한 사람〔落落者〕은 화합해지기 어렵고 헤어지기도 어렵다. 알랑거리는 사람〔欣欣者〕은 친하기 쉽고 헤어지기도 쉽다. 그러므로 군자는 차라리 강직하여 남에게 꺼림을 받을지언정, 아첨하여 기쁨을 사는 자가 되지 말 것이다.

講義

낙락(落落)이라 하는 것은 성행(性行)이 바르고 기개가 엄격해서 교제하는 데에 다만 신의만을 지키고, 추호도 아첨함이 없어서 사귀어 친하기가 어려움을 말한다. 그러므로 이러한 자는 아부하는 일이 없기 때문에 친해서 화합해지기도 어려운 반면, 한 번 친해지면 신의를 지켜서 경솔히 교의(交義)를 끊지 않으므로 헤어지기도 어려운 것이다.

이와 반대로 알랑거리는 자는 아첨하여 교제의 신의를 돌아

보지 않고, 일시의 이해(利害)를 따라서 쉽게 가까워질 수 있다. 그러므로 이런 사람과는 친밀해지기도 쉽고 소원해지기도 쉽다. 그러므로 군자는 차라리, 강직하여 아첨하는 소인배의 기탄(忌憚)을 받을지언정 아부하여 알랑거리는 자가 되지는 말 것이라.

[原文]

意氣與天下相期 如春風之鼓暢庶類 不宜存半點隔閡之形 肝膽與天下相照 似秋月之洞徹群品 不可作一毫曖昧之狀

[讀解]

의기는 천하와 더불어 서로 기약하는 데에 봄바람처럼 화창해야 하고, 마땅히 반 점의 간격의 형체도 가지지 말아야 할 것이다. 마음속은 천하와 더불어 서로 비치는 데에 가을달처럼 모든 물건을 비쳐 주어, 추호도 모호한 형상을 가지지 말아야 한다.

[講義]

의기는 조그만 편벽됨도 없이 융화되고 소통되어, 온 세상 모든 사람들과 함께 살고 같이 즐겨야 한다. 하지만 마치 화창한 봄바람이 초목이며 모든 생물들에 부는 것같이 하여, 조금도 간격이 없는 형상을 취해야 한다.

마음속은 한 점의 숨김도 없이 광명정대하여, 온 세상 모든 사람들과 서로 비쳐 통해야 한다. 하지만 깨끗한 가을달이 강산의 모든 풍경을 밝게 비쳐 주듯이 하여, 조금도 애매하거나 모호한 모양이 없도록 해야 한다.

原文

仕途雖赫奕 常思林下的風味 則權勢之念自輕 世途雖
紛華 常思泉下的光景 則利欲之心自淡

讀解

벼슬길이 아무리 화려하더라도 항상 숲 속의 풍미를
생각한다면, 곧 권세에 대한 집착이 저절로 적어질 것
이다. 세상길이 아무리 분잡하더라도 늘 샘가의 광경을
생각한다면, 곧 이욕(利欲)을 생각하는 마음이 저절로
담박해질 것이다.

講義

벼슬길이 비록 화려하고 현달하더라도 항상 고결한 산림(山
林)의 풍취를 생각한다면, 그 사상이 담박해서 권세에 추종하
는 생각이 자연히 적어질 것이다. 세상을 살아가는 것이 아무
리 분잡하고 시끄러워도 늘 고요한 수석(水石)의 풍경을 생각
한다면, 그 회포가 쇄락해서 이욕을 탐내는 마음이 자연 담박
해질 것이다.

原文

從熱鬧場中 出幾句淸冷言語 便掃除無限殺機
向寒微路上 用一點赤熱心腸 自培植許多生意

讀解

시끄러운 장소에서 몇 구절의 맑고 시원한 말을 하면 문득 한없는 살기를 소제할 것이요, 쓸쓸한 길에서 한 점의 따뜻한 마음을 쓴다면 스스로 허다한 희망을 심어 줄 것이다.

講義

불꽃처럼 뜨겁고 천둥 번개처럼 시끄럽게 부귀와 권세를 다투는 마당에서는 명리(名利)의 탐욕과 세력의 질투가 분분해서 재앙을 일으킬 살기를 품고 있는 법이다. 이렇게 시끄러운 장소에서 능히 몇 구절의 담박하고 시원한 말을 해서 명리의 탐욕과 권세의 질투를 잊어버리게 하면, 이것은 족히 무한한 재화의 살기를 씻어 없앰이 될 것이다.

또 빈한하고 미천한 자는 곤궁을 참지 못해서 절망하고 낙심해서 추호의 살 뜻이 없기 쉽다. 이럴 때에 만일 한 점 뜨거운 열기 있는 심장을 열어 용기 있게 활동한다면, 족히 이 절망과 낙심이 변하여 도리어 허다한 생기를 돋워 줄 것이다. 그러므로 사람은 마땅히 부귀와 권세에 거하더라도 항상 담박한 취미를 알아야 하고, 빈한하고 미천한 곳에 처해서도 항상 활발한 기개를 길러야 한다.

原文

淡泊之守 須從濃艷場中試來 鎭定之操 還向紛紜境上勘過 不然 操持未定 應用未圓 恐一臨機登壇 而上品禪師又成一下品俗士矣

[讀解]

 담박한 마음을 지키는 것은 모름지기 화사한 장소에서부터 이것을 시험할 것이요, 마음을 진정시키는 지조는 도리어 시끄러운 곳에서 가질 것이다. 그렇지 못하여 지조를 정하지 못하고 응용하는 것이 원활치 못하면, 혹 한 번 기회를 만나서 단상(壇上)에 올라섰을 때에 상품의 선사(禪師)가 하품의 속사(俗士)로 변할까 두려운 일이다.

[講義]

 사람이 맑고 한가로운 산림에 살면 담박한 지취(志趣)를 지키기 쉽지만, 호화로운 부귀에 처해서는 탐욕이 생겨서 담박한 뜻을 보존하기 어렵다. 또 고요한 곳에 거처할 때에는 그 지조를 진정시키기 쉽지만, 시끄럽고 복잡한 때에는 모든 뜻이 분주하여 지조를 진정하기 어렵다. 그러므로 담박한 지조를 지킬 줄 알고자 하면 번화한 곳에서 이것을 시험해야 할 것이다. 호화로운 부귀의 처지에서 이를 시험하여 털끝만큼 탐욕도 없다면 이것이 진정한 담박인 것이다. 또 지조를 진정시키는 것은 시끄러운 곳에서 시험하여 조금도 분주함이 없으면 이것이 확실한 진정이라 할 것이다.

 만일 그렇지 않아서 스스로 다스리는 지조가 안정하지 못하며 그의 응용이 원만치 못한 자는 한 번 호화로운 처지에 처하고 시끄러운 단상에 오르게 되면 갑자기 지조를 잃어서, 전에 맑고 한가한 곳에서 담박을 지키고 고요한 곳에서 지조를 안정시키던 상품의 선사(禪師)가 도리어 호화로운 곳에서 탐욕이 생기고, 시끄러운 곳에서 마음이 분주해지는 사실상의 하품 속사(俗士)로 변할 것이다. 그러니 일이 있을 때에 과실을 면하고자 하는 사람은 마땅히 일이 없을 때에 수양을 쌓도록 힘쓸 것이다.

原文

無事 常如有事時隄防 纔可以彌意外之變 有事 常如無事時鎭定 方可以銷局中之危

讀解

일이 없어도 항상 일이 있는 때와 같이 방비하면 겨우 의외에 생기는 변을 면할 것이다. 일이 있어도 일이 없는 때와 같이 마음을 진정시키면 바야흐로 그 처지의 위험을 면할 것이다.

講義

일이 없고 한가할 때에 방탕하고 산만해서 조금도 마음의 준비가 없다가 의외의 사변을 당하게 되면 당황하고 어찌할 줄을 몰라 그 변을 막아내지 못하는 것이다. 그러므로 일이 없을 때라도 일이 있을 때처럼 마음의 준비를 갖추어야 뜻밖의 변을 막을 수 있다.

또 일이 있을 때에 그 일에 집착하거나 혹 당황하고 분주해서 올바르게 처리하지 못하면, 그 일의 자체에서 위험이 생기기 쉽다. 그러므로 일이 있고 분망할 때라도 머리를 식혀서, 일이 없고 한가할 때처럼 진정시키고 조리한다면 비로소 그 당시의 위험을 없앨 수 있다.

[原文]

處世 而欲人感恩 便爲斂怨之道 遇事 而爲人除害 卽是
導利之機

[讀解]

세상을 살아가는 데에 남으로 하여금 나의 은혜에 감동하게 하는 것은 곧 원망을 없애는 길이요, 일을 당해서 남을 위해서 해독을 제거하는 것은, 곧 자기의 이로움을 가져오는 기회가 된다.

[講義]

세상을 살아가는 데에 남에게 은혜를 베풀어 그 사람이 나의 은혜에 감동케 하는 것은 남을 위해서 은혜를 베푸는 것이 아니고, 곧 남이 내게 대한 원한을 없애는 길이다. 왜냐 하면 내가 남에게 은혜를 베풀면 그 사람이 내게 대하여 감사한 뜻을 표하여 원한을 품지 않을 것이니, 이는 곧 간접적인 이익을 얻음이 된다.

일을 당해서 남을 위하여 해독을 제거해 주는 것은 남을 위하는 것이 아니라, 곧 나의 이익을 열어 주는 기회가 된다. 왜냐 하면 내가 남의 해독을 제거해 주면 그 사람도 나의 해독을 제거해 주는 까닭이다. 요새 사람들은 남에게 작은 은혜를 베풀거나, 혹 남을 위하여 약간의 수고를 대신해 주면 반드시 그 노고를 자랑한다. 이 어찌 잘못된 생각이 아니랴?

[原文]

持身 如泰山九鼎 凝然不動 則愆尤自少 應事 如流水落

花 悠然而逝 則趣味常多

[讀解]

몸가짐을 태산구정(泰山九鼎)과 같이하여 조금도 움직이지 않으면 곧 허물이 저절로 적을 것이다. 일을 대해서 유수낙화(流水落花)처럼 유연(悠然)한 태도를 취하면 곧 취미가 항상 많을 것이다.

[講義]

태산(泰山)은 중국 오악(五嶽)의 하나요, 구정(九鼎)은 하우씨(夏禹氏)가 9주[全中國]의 쇠를 모아 주조한 솥이다. 이것들은 매우 크고 또 무거워서 용이하게 움직일 수 없는 것이다. 자기 자신의 몸가짐을 이 태산과 구정처럼 정중하게 하고 경솔히 움직이지 않으면, 경조하고 낭패하는 잘못이 자연히 적을 것이다.

또 일을 당해서 흐르는 물처럼 막힘이 없게 하고 떨어지는 꽃과 같이 곱고 다정해서 유유히 지나간다면, 자연 번거롭지 않고 흔들리지 않아 한가로운 취미가 항상 많을 것이다.

[原文]

君子嚴如介石 而畏其難親 鮮不以明珠爲怪物 而起按劍之心 小人滑如脂膏 而喜其易合 鮮不以毒螫爲甘飴 而縱染指之欲

[讀解]

군자는 엄하기가 돌과 같다. 그 친하기 어려운 것을 두려워하여, 아름다운 구슬을 괴물이라 하여, 칼자루에 손을 대고 더듬는 마음을 일으키지 않는 일이 드물다. 소인은 미끄럽기가 기름과 같다. 그 화합하기 쉬운 것을 기뻐하여 독기를 단 엿이라 하여 손가락으로 맛보는 욕심이 생기지 않는 일이 드물다.

[講義]

군자는 심사가 정대하고 기상이 엄격하여 바라보면 엄준하기가 돌과 같다. 그러므로 그 친하기 어려운 것을 두려워하여 이를 꺼려 해독을 가하는 자가 많다. 비유컨대 사람이 구슬을 괴물로 잘못 알아 칼을 잡고 이를 베어 없애려는 것과 같다.

소인은 그 심사가 아첨스럽고 행위가 교활해서 만나 보면 미끄럽기가 기름과 같다. 그러므로 그 친해지기 쉬운 것을 기뻐하여 친밀한 정을 맺었다가 뒤에 가서 그 해독을 입는 수가 많다. 비유컨대 독을 단 엿으로 잘못 알고 손가락으로 찍어 맛보는 것과 같다. 그러니 교제하는 도리를 삼가지 않을 수 없다.

[原文]

遇事 只一味鎭定從容 縱紛若亂絲 終當就緒 待人 無半毫矯僞欺隱 雖狡如山鬼 亦自獻誠

[讀解]

일을 당했을 때에 한결같이 마음이 진정되고 조용하면, 비록 분잡하기가 흐트러진 실과 같더라도 마침내는 실마리가 풀릴 것이다. 사람을 대하는 데에 조금도 거짓이나 숨김이 없으면, 비록 교활하기가 산귀(山鬼)와 같아도 역시 저 스스로 나를 위해서 정성을 바칠 것이다.

[講義]

무슨 일을 당했을 때에 한결같은 마음으로 진정되고 조용해서 순서를 잃지 않는다면, 그 일이 비록 복잡하여 흐트러진 실처럼 얽혔더라도 마침내는 순서를 찾아서 정리할 수 있다. 또 사람을 대우하는 데에 터럭만큼도 거짓이나 숨김이 없이 진실하고 정대하게 한다면, 교활하기가 산귀와 같은 사람이라도 스스로 나에게 정성을 바칠 것이다.

[原文]

肝腸煦若春風 雖囊乏一文 還憐煢獨 氣骨淸如秋水 縱家徒四壁 終傲王公

[讀解]

마음[肝腸]이 온화해서 봄 바람과 같으면, 비록 주머니에 한 푼이 없어도 도리어 남의 외로움을 불쌍히 여긴다. 의기와 지조의 맑기가 가을 물과 같으면, 비록 집이 한갓 네 벽만 서 있어도 마침내 귀인[王公]을 우습게 여길 것이다.

[講義]

간장(肝腸)이란 곧 심사를 말한다. 심사가 화평해서 만물을 생육시키는 봄 바람과 같으면, 아무리 빈한해서 주머니 속에 돈 한 푼이 없더라도 도리어 곤궁하고 외로운 사람을 불쌍히 여긴다. 의기와 지조가 청고하여 한 점의 티도 없는 가을 물과 같으면, 아무리 가난해서 집에 조그만 재산도 없이 사방의 벽만 서 있어도 마침내 왕공(王公)의 부귀를 조소할 것이다.

[原文]

費千金 而結納賢豪 孰若傾半瓢之粟 以濟飢餓之人 構千楹 而招來賓客 孰若葺數椽之以茅 以庇孤寒之士

[讀解]

천금을 써서 호화로운 사람과 교제를 맺는 것이, 어찌 반 표주박의 곡식을 축내어 굶주린 사람을 구제하는 것만하랴? 천 간 집을 지어서 손님들을 초청하는 것이, 어찌 몇 간 띠집을 얽어 빈한한 선비를 돌봐 주는 것만하랴?

[講義]

천금의 거액을 써서 혹은 연회를 열고, 혹은 예물을 보내어 사방의 현인이나 일세의 호걸들과 교제를 맺는 것이 좋은 일이 아닌 것은 아니다. 그러나 이것은 얼마쯤의 사치스러운 마음과 약간의 협기(俠氣)를 띠고 있는 것으로서 순전한 미덕(美德)은 아니다. 그러나 반 표주박의 곡식을 내 주어 굶주리는 사람을 구제하는 것은, 실로 자비로운 마음에서 나오는 것이니 여기에 참다운 덕이 있는 것이다.

또 천 간이나 되는 큰 집을 짓고 많은 손님을 초청하여 대접하는 것이 좋은 일이 아닌 것은 아니다. 하지만 이것은 태반이나 위엄을 끼고 일면으로는 명리(名利)를 도모함이기도 하다. 도리어 두어 간 띠집을 얽어 가지고 빈한한 선비를 보호하는 측은한 자선만 못한 것이다.

 아! 하루에 천금을 내버려 호탕하게 놀면서도 친척의 굶주림을 구해 주지 않고, 금칠한 누대(樓臺)와 찬란한 난간에 화려한 생활을 하면서도 이웃의 빈한한 사람을 도와 주지 않는 저 부자 사람들은 어찌 반성하지 않는가?

原文

市恩 不如報德之爲厚 雪忿 不如忍恥之爲高 要譽 不如逃名之爲適 矯情 不如直節之爲眞

讀解

은혜를 파는 것이 덕을 갚는 것의 후한 것만 못하고, 분한 것을 씻는 것이 수치를 참는 탁견만 못하다. 명예를 구하는 것이 적절히 이름을 피함만 못하고, 감정을 억누르는 위선이 곧은 절개의 진실보다 못하다.

講義

 사사로운 은의를 파는 조그마한 혜택이 큰 덕을 갚는 후의만 못하다. 큰일의 득실을 돌아다 보지 않고, 사소한 사사로운 분함을 씻는 조그만 행동이 일시의 치욕을 참아서 장기간의 쾌함을 얻는 탁견만 못하다. 명예를 구하는 사욕이 명예를 피하는 옳은 취미만 못하다. 감정을 억누르는 거짓이 곧은 절개의 진실보다 못하다.

原文

救旣敗之事者 如御臨崖之馬 休輕策一鞭 圖垂成之功

者 如挽上灘之舟 莫少停一棹

[讀解]

이미 실패한 일을 구제하기란 언덕에 맨 말을 모는 것과 같아서 경솔하게 채찍질 한 번 하지 말아야 한다. 공을 이루려고 도모하는 것은 여울을 올라가는 배를 젓는 것과 같아서 조금도 노를 쉬어서는 안 된다.

[講義]

이미 실패한 일을 다시 구제하려는 것은 마땅히 위태로운 언덕에 서 있는 말을 경솔히 채찍질하지 않는 것처럼 해야 한다. 왜냐 하면 천 길이나 되는 위태로운 언덕에 서 있는 말을 다루는 데에는 마땅히 십분 조심하여 천천히 말을 몰아야 할 것이다. 만일 경솔히 채찍질을 한 번 했다가 말이 급히 달리고 뛰어서 멍에가 벗겨지면, 실족(失足)하게 되어 마침내는 천 길이나 깊은 골짜기에 떨어질 것이다.

이미 실패한 일을 구하는 것도 이것과 같아서 갑자기 행동하다가 또 한 번 일을 실패하여 거듭 실패하는 결과를 나타내면 다시는 구제할 여지가 없는 것이니, 모름지기 근신하고 서서히 도모하여 급히 달리다가 도리어 넘어지는 실패를 면하여야 한다.

또 공을 이루려면, 마치 급한 여울을 거꾸로 거슬러 올라가는 배를 끌어올리는 데에 잠시라도 노 젓는 것을 쉬지 않는 것과 같이 해야 할 것이다. 왜냐 하면 배를 끌어서 급한 여울을 거슬러 올라가려면, 끌어올리는 힘을 계속시켜서 점차로 전진하고 물러감이 없어야 하기 때문이다. 만일 노 젓는 것을 쉬게 되면 배는 도리어 후퇴하여 흘러내려서 마침내 상류에 도달하

지 못할 것이다. 이와 마찬가지로 공을 완전히 이루려면 조금
도 게을리 하지 말고 더욱 용진해서 그 결과를 이겨 내야 한
다.

原文

少年的人 不患其不奮迅 常患以奮迅 而成鹵莽 故當抑
其躁心 老成的人 不患其不持重 常患以持重 成退縮 故當
振其惰氣

讀解

 소년 때에는 일이 빠르지 않는 것을 걱정하지 말고,
항상 너무 빠름으로 해서 경솔한 일이 일어나는 것을
근심할 것이다. 그러므로 마땅히 그 마음을 억제해야
한다. 늙은 사람은 신중하지 않은 것을 걱정하지 말고,
항상 신중하기 때문에 움츠러드는 일이 생기는 것을 걱
정할 것이다. 그러므로 마땅히 그 게으른 기상을 없애
야 한다.

講義

　사람이 일을 하는 데에 신속히 하는 용기가 없으면 겁내고
게을러서 진보가 없다. 또 신중히 하고 참는 힘이 없으면 경거
망동해서 실패가 많다. 그러므로 신속함과 신중함을 병행해서
그 중의 하나도 빼지 말아야 한다. 그러나 혈기가 강성한 소년
시절에는 신속히 하는 용맹이 없다는 걱정은 없으나, 항상 그
신속히 하려는 마음이 과격해서 도리어 경솔하고 조잡한 짓을
할 걱정이 있다. 그러므로 소년 시절에는 마땅히 그 경박한 마

음을 억제해야 할 것이다. 또 혈기가 쇠퇴한 늙은 사람은 신중히 하는 태도가 없는 걱정은 없으나, 항상 지나치게 신중히 해서 도리어 겁내고 두려워하여 움츠러들 걱정이 있다. 그러므로 늙은 사람은 마땅히 그 게으른 기상을 일으키지 말아야 한다.

3 評議

[講義]

평의(評議)는 원저자 홍응명(洪應明)이 자기 가슴속에 하나의 이상적인 평의회(評議會)를 열고, 여기에 우주 안에 있는 천태만상의 사물들을 의안(議案)으로 제출하여, 철저한 토론과 공정한 가결로 평의를 낙착시켜, 독자들에게 이것을 통과시키도록 일임해서 실지에 옮기도록 한 것이다.

[原文]

物莫大於天地日月 而子美云 日月籠中鳥 乾坤水上萍 事莫大於揖遜征誅 而康節云 唐虞揖遜三盃酒 湯武征誅一局棋 人能以此胸襟眼界 呑吐六合 上下千古 事來如漚生大海 事去如影滅長空 自經綸萬變 而不動一塵矣

[讀解]

물건 중에서 천지·일월보다 더 큰 것은 없다. 그러나 두자미(杜子美)는 말하기를 '일월은 조롱 속의 새요, 건곤은 물 위에 뜬 마름이다'고 하였다. 일 중에는 읍손(揖遜)과 정주(征誅)보다 큰 것이 없다. 하지만 소강절(邵康節)은 말하기를 '당우(唐虞)의 읍손은 석 잔 술이요, 탕무(湯武)의 정주는 한 판 바둑이다' 하였다. 사람이 능히 이러한 흉금과 안목을 가져서 육합(六合 : 宇宙)을 삼켰다가 뱉고 천고(千古)를 오르내린다면, 일을 당해도 큰 바다에서 거품이 생기는 것과 같고, 일이 생겨도 큰 하늘에 그림자가 없어지는 것과 같아서 스스로 경륜이 만 번 변해도 먼지 한 점도 나지 않는다.

[講義]

세상에 물건이 아무리 많아도 천지·일월보다 더 큰 것은 없다. 그런데도 당나라 두보(杜甫)는 '해와 달은 조롱(鳥籠) 속의 새요 하늘과 땅은 물 위에 있는 마름과 같다'고 했다. 남의 눈으로 보면 천지와 일월이 몹시 크나, 두자미의 안목으로 보면 해와 달의 끝없는 우주 사이에 왕래함이 마치 조롱 속에 있는 조그만 새와 같고, 하늘과 땅이 넓고 넓은 태허(太虛) 사이에서 회전함이 마치 물 위의 마름과 같다고 했다.

또 사람이 하는 일 중에 천자의 자리를 서로 양보하는 일과 남의 나라를 정벌하고 남을 죽이는 것보다 더 큰 일이 없건만 송나라의 소옹(邵雍)은 '요순(堯舜)이 나라를 양보한 일은 석 잔 술을 권한 것과 같고, 탕무(湯武)가 남의 임금을 죽인 것은 한 판 바둑을 둔 것과 같다'고 했다. 여기에서 당우(唐虞)의 읍손(揖遜)한 일이라 함은 요임금이 순임금에게 천하를 양보하고, 순임금이 우임금에게 천하를 양보한 일을 말한다. 탕무(湯武)의 정주(征誅)라 한 것은 탕왕(湯王)이 걸(桀)을 내쫓고, 무왕(武王)이 주(紂)를 친 일을 말한다.

범인의 생각으로 헤아리면 이 읍손하고 정주하는 일이 매우 중대하지만, 소강절로서 볼 때에는 요순이 나라를 양보한 일은 석 잔 술을 서로 권하는 것과 같고, 탕왕과 무왕이 걸과 주를 친 것은 한 판 바둑을 둔 것과 같다고 했다. 사람이 능히 이렇게 넓은 배포와 통달한 눈으로 상하 공간(空間)을 삼켰다 뱉었다 하고, 천고의 시간을 오르내려서 조금도 구애됨이 없으면 일이 닥쳐와도 마치 큰 바다에 물거품이 생기는 것과 같이 대수롭지 않으며, 일이 끝나도 마치 빈 그림자가 높은 하늘에 사라지는 것과 같아서 사물이 오고 감에 조금도 관계되는 것이 없고, 사업을 경영하는 것이 천만 가지로 변해도 그 본성은 터럭만큼도 움직이지 않는 것이다.

[原文]

持身涉世 不可隨境而遷 須是大火流金 而淸風穆然 嚴霜殺物 而和氣藹然 陰霾翳空 而慧日朗然 洪濤倒海 而砥柱屹然 方是宇宙的眞人品

[讀解]

몸을 의지하고 세상을 살아가는 데에는 그 형편을 따라서 변하지 말아야 한다. 모름지기 큰 불이 쇠를 녹이되 맑은 바람이 시원히 불고, 된서리가 생물을 죽이되 화기(和氣)가 따뜻하고, 흐린 흙비가 하늘을 가리되 밝은 해가 빛나고, 큰 파도가 바다를 기울이되 몸을 까딱도 하지 않으면 바야흐로 우주적인 참다운 인품이라 할 것이다.

[講義]

자기 한 몸을 의지하고 세상을 살아감에 있어 밖의 형편에 따라 그 마음이 변해서는 안 된다. 뜨거운 불이 쇠나 돌을 녹여 내리듯이 번민(煩悶)한 일을 당하더라도 맑은 바람과 같이 냉담한 청취(淸趣)를 가져야 한다. 가을철에 된서리가 내려서 만물을 시들게 하는 것처럼, 쓸쓸한 경지를 당했더라도 부드러운 봄 기운과 같이 화평한 기상을 가질 것이다.

음울한 흙비가 하늘을 덮은 것과 같이 티끌이 자욱한 속에 있어도 그 밝은 지혜가 해처럼 빛나야 한다. 큰 파도가 바다를 기울이는 것과 같이 위험한 사태가 세상을 뒤집어도 그 견고한 뜻이 천지를 버티는 산처럼 움직이지 않아야 한다. 이렇게 하면 바깥 형편을 따라 변하지 않는 우주적인 참다운 인품이라 할 것이다.

原文

作人 要脫俗 不可存一矯俗之心 應事 要隨時 不可起一趨時之念

讀解

인격을 만드는 데에는 세속을 떠나도록 할 것이다. 그러나 하나라도 세속을 고치려는 마음을 두어서는 안 된다. 일에 대응해서는 시속을 따르도록 할 것이다. 하지만 하나라도 시세에 아부하여 따르려는 마음을 가져서는 안 된다.

講義

인격을 이루는 데에 있어서는 속세의 정을 벗어나 세속에 물들지 않아야 한다. 그러나 시속(時俗)의 조류를 억지로 거스르는 것은 옳지 못하다. 만일 시속을 역행하여 이것을 고치려 하면 괴이한 동행이 생겨서 남이 시기하는 화를 입게 될 것이다.

또 일을 당해서 이것에 대응함에 있어서는 시세의 올바름을 따라서 권변(權變)의 원만한 기회를 써야 할 것이다. 그러나 이 시세에 아부하는 마음을 일으켜서는 안 된다. 시세에 너무 따르다가는 아첨하는 추태가 생겨서 비루하다는 욕을 먹게 된다.

原文

毁人者不美 而受人毁者遭一番訕謗 便加一番修省 可以釋惡 而增美 欺人者非福 而受人欺者 遇一番橫逆 便長一番器宇 可以轉禍 而爲福

讀解

남을 비방하는 자는 좋지 못하다. 그러나 남의 비방을 받는 자는 한 번의 비방을 받으면 문득 한 번 수신반성을 가하여 나쁜 일을 하지 않고 좋은 일을 더 할 수가 있다. 또 남을 속이는 자는 복을 받지 못한다. 그러나 남에게 속는 자는 한 번 속게 될 때에 즉시 한 번 자기의 도량을 키워서 화를 변화시켜 복으로 삼을 것이다.

講義

남을 비방(誹謗)하는 자는 좋지 않으나, 남의 비방을 듣는 자는 한 번 비방을 들을 때마다 그 비방으로 인해서 자기를 깨우치고 격려해서 모든 일을 삼가고 마음을 살펴서 점차로 과실(過失)이 없게 되면, 이것으로 인하여 과거의 잘못을 버리고 반성해서 얻은 선행(善行)을 더 하게 될 것이다.

또 남을 속이는 자는 복을 받지 못한다. 하지만 남에게 속은 자는 한 번 속게 될 때마다 그 속음으로 인하여 자기 마음을 굳게 가지고 단련하여 넓고 큰 도량과 청아한 심지(心志)를 기르게 되면, 이것으로 인하여 화가 도리어 복이 되는 수가 있다.

[原文]
天欲禍人 必先以微福驕之 所以福來 不必喜 要看他會受 天欲福人 必先以微禍儆之 所以禍來 不必憂 要看他會救

[讀解]
하늘이 사람에게 화를 주고자 하면 반드시 먼저 조그만 복을 주어 마음을 교만하게 한다. 그러므로 복이 온다고 해서 반드시 기뻐하지 말고, 그 복을 보아서 순종하여 받을 것이다. 또 하늘이 사람에게 복을 주려고 하면, 반드시 먼저 조그만 화를 주어 경계한다. 그러므로 화가 온다고 반드시 근심할 것이 아니라 그 화를 보고서 자기를 구제할 마음을 가져야 한다.

[講義]
하늘이라 함은 만물 위에서 특별히 만물을 안배(安排)하는 기능의 주재(主宰)가 있음을 인정하여 그 주재를 대표하는 명사(名詞)다. 그 주재자가 사람에게 큰 화를 내리려 하면, 반드시 먼저 조그마한 복을 주어서 그 마음을 교만하게 만든다. 그

마음이 교만해져서 나쁜 짓을 제맘대로 행하게 되면, 반드시 상상하지 못한 큰 화에 빠지게 된다. 그러므로 복이 온다고 해서 기뻐하지 말고 그 복을 잘 살펴서 순종하여 받을 뿐이다.

또 남에게 큰 복을 내리려면, 반드시 먼저 경미한 화를 주어서 그 마음을 깨우쳐 준다. 그 마음을 깨우쳐서 근신하고 조심하면, 반드시 원만하고 참된 복을 누릴 수 있을 것이다. 그러니 화가 온다고 해서 이것을 걱정하지 말고, 그 화를 잘 보아서 조심하여 자기를 구제할 것이다.

원문

作人 只是一味率眞 蹤跡雖隱還顯 存心 若有半毫未淨 事爲雖公亦私

독해

사람이 되려면 다만 한결같이 솔직해야 한다. 솔직하면 그 행적이 비록 숨어 있어도 도리어 나타나는 것이다. 또 마음을 갖는 데에 만일 조금이라도 깨끗하지 못함이 있으면, 그 하는 일이 아무리 공정하다 해도 역시 사사로울 것이다.

강의

인품을 만드는 데에는 다만 한결같이 솔직하고 허위가 없어야 한다. 허위가 없으면 그 하는 일이 공명정대해서 세상 사람의 이목에 띄게 된다. 그렇게 되면 그가 아무리 깊은 산골짜기에 숨어 산다 할지라도 그 덕명(德名)은 도리어 세상에 드러날 것이다.

또 마음을 수양하는 데에 만일 조금이라도 깨끗하지 못하여
잡된 욕망이 있으면, 비록 공변된 일을 행해도 역시 사정(私
情)이 될 것이다. 그러므로 품격은 솔직함을 요하고 심사는 청
정(淸淨)함을 얻어야 할 것이다.

[原文]

貧賤驕人 雖涉虛憍 還有幾分俠氣 英雄欺世 縱似揮霍
全沒半點眞心

[讀解]

빈천한 사람이 남에게 교만하면 비록 헛된 교만기가
있어도 도리어 조금쯤은 협기(俠氣)가 있다. 영웅이 세
상을 속임에는 비록 제 맘대로 내두르는 것과 같으나
전혀 반점(半點)의 진심도 없는 것이다.

[講義]

빈천한 자는 그 지기(志氣)를 자부하여 남에게 교만을 부리
는 수가 있다. 이것은 비록 실력이 없는 헛교만이지만 도리어
조금쯤은 협기(俠氣)가 있어서 아첨하거나 비열한 태도에서는
벗어날 수가 있다. 또 영웅이 재능을 드날려서 한세상을 기만
하는 데에는 비록 자기 맘대로 휘두르는 듯하지만 전혀 반점
의 진심도 없어서 마침내 원숙한 미덕을 손상하게 된다.

[原文]

琴書詩畵 達士以之養性靈 而庸夫徒賞其跡像 山川雲
物 高人以之助學識 而俗子徒玩其光華 可見事物無定品

隨人識見 以爲高下 故讀書窮理 要以識趣爲先

[讀解]

 금서(琴書)와 시화(詩畵)로써 달사(達士)는 성령(性靈)을 기르지만 용부(庸夫)는 한갓 그 형상만 좋아한다. 산천(山川)과 운물(雲物)로써 인품이 높은 사람은 학식을 넓히지만 속물은 한갓 그 경치만 구경할 따름이다. 그러므로 사물은 정해진 품격이 없고, 사람의 식견을 따라서 높아지기도 하고 낮아지기도 한다. 그러므로 글을 읽고 이치를 궁구하는 데에는 먼저 그 취미부터 알아야 하는 것이다.

[講義]

 거문고와 책, 그리고 시와 그림은 모두 우아하고 한적한 정취가 있다. 마음이 활달한 선비는 그 정취를 터득하여 본성이 가진 정령(精靈)을 함양한다. 그러나 용렬(庸劣)한 자는 한갓 그 소리나 모양만을 좋아할 뿐이다.
 또 산이나 냇물, 그리고 경치는 모두 기이하고 오묘한 이치를 나타낸다. 재주와 지혜가 고상한 사람은 그 이치를 보고서 자기의 학문과 지식을 넓히지만, 속물은 한갓 그 경치만을 사랑한다. 거문고나 책, 시와 그림은 똑같건만 달사(達士)는 이것으로 성령(性靈)을 길러 정신 수양의 도구로 삼고, 용부(庸夫)는 한갓 그 모양만을 사랑하여 몰취미한 유희품으로 안다. 산이나 냇물 등 경치는 모두 같건만, 고사(高士)는 이것으로 학식을 도와서 천연적인 교과서로 삼고, 속물은 한갓 그 풍경만을 사랑하여 아무 이상(理想)도 없는 전람품으로 본다.

이것으로 보면 사물은 일정한 품격이 없고 다만 사람의 식견에 따라서 고하(高下)의 차이가 생기게 마련이다. 그러므로 글을 읽고 이치를 궁리하는 데에는 그 참다운 취미를 아는 것이 가장 우선적인 공부인 것이다.

[原文]

少壯者 當事事用意 而意反輕 徒汎汎作水中鳧而已 何以振雲霄之翮 衰老者 事事宜忘情 而情反重 徒碌碌爲轅下駒而已 何以脫韁鎖之身

[讀解]

젊은 사람은 마땅히 일마다 마음을 써야 한다. 그런데 생각이 도리어 경솔하면, 한갓 들떠서 물 속의 오리와 같이 될 뿐이니 어찌 하늘에 날개를 칠 수 있으랴? 노쇠한 자는 일마다 마땅히 정욕을 잊어야 한다. 그런데 생각이 도리어 무겁게 되면 한갓 약하기만 하여 끌채 밑에 매어 놓은 망아지가 될 것이니, 어찌 매인 몸을 벗어날 수 있으랴?

[講義]

나이가 젊고 기운이 센 자는 무슨 일을 당하든지 용맹히 앞으로 나아가는 의기를 활용해야 할 것인데 도리어 일에 대한 용의가 경박해서 그럭저럭 세월을 보낸다면, 물 속에 그대로 왕래하는 오리와 같아서 세정(世情)을 따라 나아가고 물러갈 뿐이니, 어찌 그 날개를 떨치고 구름 위를 날아 큰 붕새처럼 원대한 사업을 이룩할 수 있겠는가?

또 기운이 쇠약하고 나이 많은 사람은 일마다 마땅히 정욕을 잊어야 할 것인데 도리어 정욕이 중후(重厚)하게 되면, 허약하기가 소금짐을 끄는 망아지와 같아서 세속 기반을 벗어나지 못할 것이니, 어찌 물욕의 굴레를 벗어 버리고 속세에 뛰어난 대자유를 얻을 수 있겠는가?

原文

鶴立鷄群 可謂超然無侶矣 然進而觀於大海之鵬 則渺然自小 又進而求之九霄之鳳 則巍乎莫及 所以至人常若無若虛 而盛德多不矜不伐也

讀解

학이 닭의 무리 속에 서면 초연하여 짝이 없다고 할 것이다. 그러나 나아가 큰 바다의 붕새를 보면 아득히 스스로 작아질 것이고, 또 나아가서 드넓은 하늘의 봉을 만나게 되면 우뚝하여 따르지 못할 것이다. 그러므로 덕이 높은 사람〔至人〕은 항상 없는 것과 같고 허한 것과 같아서, 자기의 성덕(盛德)을 자랑하고 만족해 여기지 않는 것이다.

講義

학이 닭 떼 속에 서면 그 긴 목과 높은 정수리가 초연히 홀로 커서 그 짝이 없을 것이다. 그러나 큰 바다로 나가서 붕새와 비교한다면 제 몸이 작아서 짝이 되지 못할 것이다. 이 붕새란 ≪장자(莊子)≫에 보면 '북해에 물고기가 있는데 그 이름은 곤(鯤)이다. 이 고기의 등은 몇 천 리인지 알 수 없다. 이고기가 화해서 새가 되면 그 이름이 붕(鵬)인데 이 새의 크기가 또 몇 천리인지 알 수 없다'고 했다.

학이 또 하늘로 올라가 보면 그 위에 있는 봉황과 비교할 때에 도무지 따를 수 없다. 이와 같이 사람의 일에도 작은 것 밑에는 또 작은 것이 있고, 큰 것 위에는 또 큰 것이 있어서 아무리 많은 학식이나 재덕이 있더라도 스스로 잘난 체하거나 거만하지 말 것이다.

그러므로 도(道)가 지극한 사람은 항상 재덕이 전혀 없는 사람과 같고, 마음이 전혀 비어 있는 것과 같아서 자아(自我)를 잊는 경지에 이른다. 또 덕이 많은 선비는 공을 자랑하지 않고 자기의 능력을 내세우지 않아서 스스로 만족하는 마음이 없는 것이다.

原文

蛾撲火 火焦蛾 莫謂禍生無本 果種花 花結果 須知福至有因

讀解

나비가 불을 치면 불은 나비를 태운다. 그러니 화의 발생이 근원이 없다고 할 수 없다. 열매를 심으면 열매가 연다. 그러니 모름지기 복이 오는 것이 원인이 있음을 알 수 있다.

講義

날아다니는 나비가 등잔불을 치면 등잔불은 도리어 나비를 태워 죽게 한다. 이것은 나비가 타 죽는 화가 불을 치는 원인에서 생기는 것이다. 그러므로 화의 발생이 그 원인이 없다고 할 수 없다. 사람이 화를 입는 것도 악한 일을 함으로 해서 자기 스스로 불러오는 것이다.

또 열매의 씨를 심으면 그 꽃에서 열매가 맺게 된다. 이는 열매를 맺게 하는 복이 씨를 심는 원인에서 생기는 것이다. 그 행복이 오는 것은 반드시 원인이 있다는 것을 알 수 있다. 그러므로 사람의 행복도 착한 일을 하는 인연을 심어서 스스로 얻어지는 것이다.

原文

秋蟲春鳥 共暢天機 何必浪生悲喜
老樹新花 同含生意 胡爲妄別嬌妍

讀解

가을 벌레와 봄철의 새는 다 함께 조화의 작용[天機]을 화창하게 하는 것인데, 어찌해서 부질없이 슬픈 마음과 기쁜 마음을 가지랴? 또 늙은 나무나 새로 핀 꽃은 다 마찬가지로 살아갈 뜻을 품고 있는데, 어찌하여 주책 없이 싫어하고 예뻐할 까닭이 있으랴?

講義

가을벌레의 우는 소리와 봄새의 지저귀는 소리는 모두 다 조화(造化)의 작용을 화창하게 하는 것이다. 어찌해시 꼭 가을벌레의 울음소리를 듣고서는 슬픈 마음이 나고, 봄새의 지저귀는 소리를 듣고서는 기쁜 마음을 내어, 똑같은 조화의 작용에 대하여 공연히 슬프고 기쁜 뜻을 나타내는 것일까?

또 늙은 나무의 쓸쓸함과 새로 핀 꽃의 예쁜 모습은 다 함께 살려는 뜻을 품고 있는 것인데 어찌하여 늙은 나무를 보면 미워지는 마음이 생기고, 새로 핀 꽃을 보면 예뻐하는 마음이 생겨서, 똑같은 살려는 뜻에 대하여 미워하고 예뻐하는 차이를 둔단 말인가? 그러므로 달사(達士)는 모든 물건을 동일하게 보아서 평등한 지경에 두는 것이다.

[原文]

萬境一轍 原無地着箇窮通 萬物一體 原無處分箇彼我 世人迷眞逐妄 乃向坦途上 自設一坎坷從空洞中 自築一藩籬 良足慨哉

[讀解]

만 가지 경지(境地)는 다 똑같은 것이다. 원래부터 막히고 트이는 차이가 없는 것이다. 만 가지 물건도 다 똑같은 것이다. 원래가 저니 내니 하는 구분이 있을 수 없다. 그런데 세상 사람들은 이 유일한 진리를 알지 못하고, 못된 것을 따르고 평탄한 큰 길을 향하여 스스로 험한 길로 가고, 빈 골짜기를 따라 하나의 울타리를 만드니 참으로 한심하도다.

[講義]

만 가지 경지가 혼잡스러워 각각 다르지만 그 참다운 취미는 모두 같아서 하나의 길로 가는 수레바퀴와 같다. 그래서 본래 군색하거나 통달한 차이가 없다. 만 가지 물건은 저마다 다르나 그 원리는 한 가지이다. '저것은 남이고 이것은 나다'는 구별이 있을 수 없다. 그런데 세상 사람들은 유일무이한 진심을 깨닫지 못하고 분별을 만드는 헛생각을 추종하여 한 수레 바퀴로 가는 평탄한 길 위에다가 험한 길을 만들고, 똑같이 텅 빈 굴 속에 저와 나를 구별하는 울타리를 만들고 있다. 이 어찌 탄식할 일이 아닌가?

原文

大烈鴻猷 常出悠閑鎭定之士 不必忙忙 休徵景福 多集寬洪長厚之家 何須瑣瑣

讀解

 큰 충렬(忠烈)이나 원대한 계략은 항상 유한(悠閑)·침착한 선비에게서 나오는 것이니 반드시 바쁘게 날뛸 것이 없다. 상서로운 징조나 아름다운 복은 매우 관후(寬厚)한 집에 모이는 것이니, 어찌 반드시 일을 가혹하게 처리하랴?

講義

 기상이 유한(悠閑)하고 심지(心志)가 진정된 선비는 아무리 격렬한 일을 당해도 당황하거나 섞갈리지 않고 조용히 처리하기 때문에, 위대한 충렬과 원대한 계략을 이룰 수 있다. 그러니 반드시 바쁘고 조급하게 굴어서 한가롭고 진정한 마음을 잃지 말 것이다. 만일 바삐 하고 조급히 굴면 깊은 생각과 원대한 계획이 없어서 큰 충렬이나 원대한 계획을 세울 수 없다.
 또 덕성스러운 도량이 너그럽고 인품이 후한 집에서는 남의 과실을 용서하고, 남의 위급한 일을 구제해서 자선(慈善)하는 화기가 가득차 있기 때문에 상서로운 징조와 아름답고 큰 복을 얻을 수 있으니, 어찌 모름지기 번거롭고 조급하게 굴 까닭이 있으랴? 자잘하고 번거로운 자는 미움과 원망이 앞다투어 일어나서 상서로움과 복이 이르지 않는 것이다.

原文

貧士肯濟人 纔是性天中惠澤 鬧場能學道 方爲心地上工夫

讀解

가난한 선비가 남 구제하기를 즐기면 겨우 곧 천성 중의 혜택인 것이요, 소란판 가운데에 도를 배울 수 있다면 바야흐로 의지상(意志上)의 공부가 된다.

講義

세력 있는 부자가 남을 구제하는 것도 혜택이 아닌 것은 아니다. 하지만 이것은 재물의 여유가 있어서 남을 구제하는 것이다. 빈한한 선비가 남을 구제하는 것은 재물의 여유가 있어서 그러는 것이 아니라 단순히 어진 천성에서 나오는 혜택이다.

또 고요한 곳에서 도를 배우는 것도 공부가 되지 않는 것은 아니다. 하지만 이것은 바깥 환경의 도움을 입어서 도를 배우는 것이다. 시끄러운 곳에서 도를 배우는 것은 바깥 환경의 도움을 받는 것이 아니라 오로지 독실한 의지상의 공부이다.

原文

人生只爲欲字所累 便如馬如牛 聽人羈絡 爲鷹爲犬 任物鞭笞 若果一念淸明 淡然無欲 天地也不能轉動我 鬼神

也不能役使我 況一切區區事物乎

[讀解]

　인생이 다만 욕(欲)이라는 글자의 누(累)가 되어 문득 말과 같이도 되고 소와 같이도 되어 사람의 구속을 받고, 매도되고 개도 되어서 물건이 때리는 대로 내버려 둔다. 만일 한 마음이 맑고 밝아서 담담하여 욕심이 없으면 천지도 나를 움직이지 못하고 귀신도 나를 부리지 못할 것이니, 하물며 일체의 구구한 사물들임에랴?

[講義]

　마소는 먹이를 얻어 먹을 욕심 때문에 부리는 자의 구속을 받아 수고롭게 일을 한다. 매나 개도 먹이의 욕심 때문에 사냥꾼의 매를 맞아 가면서 심부름을 한다. 인생도 이와 같아서 오직 '욕심욕(欲)'자에 얽매여 마소처럼 남의 구속을 받아, 자기가 가진 자유를 상실하고 매나 개처럼 남의 매를 맞으면서 말할 수 없는 굴욕을 받는다. 그러니 욕심의 피해가 얼마나 비통하단 말인가?

　만일 마음이 맑고 밝아서 유연(悠然)히 탐내는 것이 없으면 천지도 나를 움직이지 못할 것이요, 귀신도 나를 부리지 못할 것이니 더구나 그밖의 사소한 사물들이 어찌 나를 구속하고 나를 매질할 수 있으랴?

[原文]

衆人以順境爲樂 而君子樂自逆境中來 衆人以拂意爲憂 而君子憂 從快意處起 蓋衆人憂樂以情 而君子憂樂以理也

讀解

 범인은 순탄한 환경을 즐거움으로 삼지만, 군자의 즐거움은 역경 속에서 온다. 범인은 뜻이 거슬리는 것을 근심으로 여기나, 군자의 근심은 뜻이 쾌할 때에 생긴다. 대개 범인은 근심과 즐거움을 정으로 느끼고, 군자는 근심과 즐거움을 이치로 느낀다.

講義

 평범한 사람은 일마다 뜻대로 순조롭게 되는 것을 즐거워한다. 하지만 군자는 이와 반대로 즐거움을 여의치 못한 역경 속에서 느낀다. 예를 들면 어리석은 임금은 자기 명대로 시행되고 하나도 뜻을 거역하는 일이 없는 아첨하고 못난 신하를 좋아하지만, 성군(聖君)은 바른말을 하고 잘 간해서 자기의 잘못된 의견을 눈앞에서 반대하는 충직한 신하를 좋아하는 것이 바로 이것이다.

 또 평범한 자는 제 맘대로 되지 않는 것을 걱정하지만, 군자는 이와 반대로 도리어 근심이 쾌한 마음속에서 생기는 것이다. 범인은 게을리 놀고 즐기는 것을 즐거워하여 충고하고 악한 일을 말리는 유익한 친구를 꺼리지만, 덕행을 닦는 군자는 충고하는 말을 좋아하고 알랑거려 기쁘게 해주는 무리를 근심한다.

 그러므로 범인의 근심과 즐거움은 사정(私情)에서 생기는 것이요, 군자의 근심과 즐거움은 공변된 이치에서 생기기 때문에 그 근심하고 즐거워하는 경지가 상반(相反)된다.

4. 閒 適

[講義]

한적(閒適)은 경지(境地)의 구별이 있다. 경지가 한적하다는 것은 시끄러운 시정과 멀리 떨어진 산림 자연을 말하는 것이다. 그러나 마음이 한적하다는 것은 경지의 여하를 막론하고, 혹 병마(兵馬)가 들끓는 시끄러움 속에 있어서도 심중에 따로 한 가닥 한가한 취미를 얻어서 한 점의 번뇌가 없음을 말한다. 이렇듯 심경의 취사(取捨)는 자기의 득력(得力) 여하에 의해서 차이가 있는 것이다.

그러나 사람이 처세하며 무슨 일을 행할지라도 한적한 취미를 느끼지 못하면, 항상 사물의 심부름꾼 노릇을 하여 번뇌 속에 파묻힌 괴로운 생활을 하게 될 뿐이다. 어찌 '세계 밖의 세계'에 서서 만사를 경륜하는 대활보를 할 수가 있으며 티끌 하나도 물들지 않는 대쾌락을 얻을 수 있으랴?

[原文]

龍可拏 非眞龍 虎可搏 非眞虎 故爵祿可餌榮進之輩 必

不可籠淡然無欲之人 鼎鑊可及寵利之流 必不可加飄然遠
引之士

[讀解]

기르는 용은 참 용이 아니고 잡힌 범은 참 범이 아니다. 그러므로 작록(爵祿)은 영진(榮進)하려는 무리들을 낚을 수는 있어도, 담담하여 욕심이 없는 사람을 가둘 수는 없다. 그리고 또 극형〔鼎鑊〕은 이욕(利欲)을 노리는 자에게는 미칠 수 있어도 표연(飄然)히 멀리 떠있는 선비는 어찌할 수 없다.

[講義]

용을 기르면 진짜 용이 아니니 진짜 용은 사람의 기름을 바라지 않는 까닭이다. 범은 잡으면 진짜 범이 아니니 진짜 범은 사람의 구속을 받지 않기 때문이다. 사람도 이와 같아서 벼슬자리를 탐내면 참다운 사람이 아니요, 큰 솥에 들어가는 화를 입으면 통달한 선비가 아니다. '큰 솥에 들어가는 화'란 옛날에 죄인을 큰 솥에 넣어 삶아 죽인 일이 있어서 하는 말이다.

그러므로 벼슬이란 영달하기를 바라는 무리를 낚을 수는 있어도 담담하여 욕심이 없는 사람은 농락할 수 없는 것이다. 왜냐 하면 영진을 꿈꾸는 무리는 탐욕이 강성해서 오직 제몸에 이로운 것만을 계획하기 때문에, 그 사람을 쓰고자 하면 마치 미끼로 물고기를 낚는 것처럼 벼슬이라는 미끼로 그 마음을 매수하여 부도덕·파렴치한 곳으로 몰아넣어도 반성할 줄 모른다.

그러나 담담하여 욕심이 없는 사람은 벼슬을 뜬구름과 같이 보고, 높은 절개와 맑은 지조를 지키니 어찌 구구한 벼슬의 농락을 받으랴? 또 솥에 들어가는 화는 이욕을 도모하는 무리에게는 미치지만, 표연히 높다랗게 있는 선비에게는 가해지지 못한다. 왜냐 하면 이욕만을 탐하는 무리는 의리를 배반하고 사욕을 좇아서 질투와 경쟁하는 속에서 격렬한 참극을 연출하여 혹 솥에 들어가는 화를 입을 수 있다. 그러나 표연히 높다랗게 있는 선비는 이욕을 피하여 세상 밖에 노니니, 어찌 솥에 들어가는 화를 받겠는가?

예부터 왕왕 이 솥에 들어가는 화가 이욕을 구하지 않는 높은 선비나 의리 있는 사람에게도 가해진 일이 있기는 했다. 그러나 이것은 원리(元理)의 변고이며, 또 그 원인을 깊이 캐어 보면 기회를 알아 일을 잘 도모하지 못한 책임을 면키 어려운 바도 있었다.

原文

昂藏老鶴 雖饑 飮啄猶閒 肯同鷄鶩之營營 而競食 偃蹇寒松 縱老丰標自在 豈似桃李之灼灼 而爭姸

讀解

앙장(昂藏)한 늙은 학은 아무리 굶주렸어도 식음(食飮)이 오히려 한가하니 즐겨 닭이나 집오리처럼 아득바득하게 먹이를 다투랴? 언건(偃蹇)한 소나무는 아무리 늙었어도 깨끗한 운치가 있으니, 어찌 복숭아나 오얏꽃들의 예쁜 빛을 자랑하는 것들과 같이 아름다움을 다투랴?

講義

앙장(昂藏)이라는 것은 높이 올라가고 깊이 감추어져서 보통 무리보다 뛰어난 것을 말한다. 이러한 늙은 학은 아무리 배가 고파도 물 마시고 먹이를 쫌이 한가롭다. 그래서 저 조그만 닭이나 집오리 무리처럼 구차스럽게 먹을 것을 찾아헤매는 것들과는 먹이를 다투지 않는다. 언건(偃蹇)이란 높이 자라서 굽지 않은 모양이다. 이러한 큰 소나무는 비록 늙었어도 깨끗한 운치가 변하지 않는다. 그래서 저 복숭아꽃이나 오얏꽃같이 곱고 난만한 것들과는 아름다움을 다투지 않는다. 사람도 이와 같아서 의지가 활달한 장부나 마음이 곧은 사나이는 구구한 영리를 우습게 여겨 부귀를 구하는 장소에 출입하지 않는다.

|原文|

吾人適志於花柳爛熳之時 得趣於笙歌騰沸之處 乃是造化之幻境 人心之蕩念也 須是木落草枯之後 向聲希味淡之中 覓得一些消息 纔是乾坤的橐籥 人物的根宗

|讀解|

우리는 화류(花柳)가 난만한 때에 마음을 즐겁게 갖고, 음악과 노랫소리가 높은 때에 취미를 갖게 된다면 이는 조화의 환상이고 방탕한 마음인 것이다. 모름지기 나뭇잎이 떨어지고 풀이 말라 죽은 뒤나, 음악소리도 없고 맛이 담박한 가운데에 한 가닥의 소식을 얻으면, 이것이 바로 건곤(乾坤)의 열쇠요 인물의 조종(祖宗)인 것이다.

講義

꽃이 붉고 버들가지가 푸른 것은 잠깐 동안의 좋은 경치이나 금방 변하고 금방 없어져서 가을 바람을 견디지 못한다. 또 피리 소리와 노래 곡조는 일시적인 흥취를 돋워 주지만 그것이 얼마나 오래 가겠는가? 이것은 모두 조화(造化) 속의 헛된 경치에 지나지 않는다.

이러한 잠시 동안의 경치, 즉 꽃과 버들이 난만하고 피리와 노랫소리가 무르익는 곳에서 마음을 기쁘게 갖고 흥취를 내면 마음속의 방탕한 생각이 일어난다. 그러므로 이렇게 잠시 지나가는 경치가 아닌 나뭇잎이 모두 떨어지고 꽃과 풀이 말라 버린 뒤나, 노랫소리가 사라져서 모든 것이 담박한 가운데에 참다운 취미를 얻어야만, 이것이 바로 이기(理機)의 관건(關鍵)이요 인물의 조종(祖宗)인 것이다.

原文

看破有盡身軀 萬境之塵緣自息 悟入無懷境界 一輪之心月獨明

讀解

끝남이 있는 일신의 이치를 간파하면 천태만상의 세속 인연이 저절로 없어지고, 아무런 회포가 없는 경지에 깨달아 들어가면 일륜(一輪)의 마음속 달이 홀로 밝아 올 것이다.

講義

사람의 몸뚱이는 반드시 사라져 없어지게 마련이다. 이 이치를 안다면 육체에 대한 생사고락(生死苦樂)의 집착이 모두 사라지고, 세상의 모든 인연이 저절로 없어져서 소탈한 인격이 이루어질 것이다. 또 마음속에 깨달아서 정욕(情欲)의 회포가 없는 경지에 들어가면 일륜(一輪)의 심월(心月), 즉 둥근 달과 같은 마음이 홀로 밝아서 시끄러운 망상(妄想)이 없어질 것이다.

原文

土床石枕冷家風 擁衾時 夢魂亦爽 麥飯豆羹淡滋味 放箸處 齒頰猶香

讀解

토상(土床)이나 석침(石枕) 같은 서늘한 가풍(家風)에서는 이불을 두르고 있어도 꿈이 시원하다. 또 보리밥과 콩국의 담담한 맛은 수저를 놓아도 입 속이 오히려 향기롭다.

講義

흙을 쌓아서 침상을 만들고 돌을 베개로 삼는 밝고 찬 가풍(家風)을 지키는 자는 이불을 두르고 잘 때에도 꿈이 시원해서 한 점 속정(俗情)도 없을 것이다. 또 보리밥이나 콩국 같은 담박한 음식을 먹고 사는 사람은 음식을 끝내고 수저를 놓은 뒤에도 입 속에 향기가 남아 있어 썩어 버린 냄새가 하나도 없으리라. 그러니 사람이 어찌 청검(淸儉)을 숭상하지 않으랴?

原文

談紛華而厭者 或見紛華而喜 語淡泊而欣者 或處淡泊而厭 須掃除濃淡之見 滅却欣厭之情 纔可以忘紛華 而甘淡泊也

讀解

 어지럽고 번화한 것을 말하기 싫어하는 자는 혹 이런 것을 보고서 기뻐하는 수가 있다. 담박한 것을 말하기 좋아하는 자는 혹 이런 곳에 처하면 싫어하는 수가 있다. 모름지기 번화하고 담박한 소견을 소제하고, 기쁘고 싫은 마음을 없애야만 비로소 번화한 것을 잊고 담박한 것을 달게 여길 수 있는 것이다.

講義

 번화한 일을 이야기하는 것을 싫어하는 자가 혹 이러한 경지를 보면 도리어 기쁜 마음이 생기는 수가 있다. 이것은 실지로 번화한 것을 싫어하는 것이 아니다. 또 담박한 일을 말로 표현하는 자가 혹 이러한 경지를 당하면 도리어 싫증을 느끼는 수가 있다. 이것은 실로 담박한 것을 좋아하는 것이 아니다.

 그러므로 번화한 것이나 담박한 것에 대한 소견을 모두 없애고, 기뻐하고 싫어하는 마음을 모두 물리쳐야만 비로소 번화한 것을 잊고 담박한 것을 즐기는 것이다.

原文

富貴的一世寵榮 到死時 反增了一個戀字 如負重擔 貪

賤的一世淸苦 到死時 反脫了一個厭字 如釋重枷 人誠想
念到此 當急回貪戀之首 而猛舒愁苦之眉矣

[讀解]

 부귀스러운 한세상의 영화는 죽을 때에 이르면 도리
어 한 개의 '연(戀)'자를 더해서 무거운 짐을 보태 주
는 것과 같다. 빈천스러운 한세상의 청고(淸苦)는 죽을
때에 이르면 도리어 한 개의 '염(厭)'자를 벗어나서 무
거운 쇠사슬을 벗는 것과 같다. 사람이 참으로 이를 생
각한다면 마땅히 하루 속히 탐하고 연연(戀戀)하는 머
리를 돌이키고 괴로워하는 눈썹을 활짝 펼 것이다.

[講義]

 부귀를 극하는 한세상의 영화는 보통 사람들이 탐내는 바이
다. 그러므로 부귀를 얻으면 생전에 그 정욕(情欲)을 다하다
가 갑자기 죽음에 이르면 과거의 영화는 모두 허무하고, 도리
어 부귀를 차마 놓지 못하는 그리움〔戀〕의 한 글자만을 더 얻
어서, 가슴 아픈 무거운 짐을 지는 것과 같은 것이다.

 또 빈천스러운 청고(淸苦)한 생애는 세상 사람이 모두 싫어
하는 바이다. 그러므로 빈천에 처하면 싫증을 참지 못하다가
갑자기 죽을 때를 당하면 생전의 청고를 피하던 한 개의 싫어
함〔厭〕의 글자를 벗어나서, 그 경쾌한 맛이 마치 무거운 쇠사
슬을 벗은 것과 같을 것이다.

 그러므로 이렇게 보면 영화와 청고가 죽음에 이르러서는 도
리어 기뻐하고 싫어하는 마음을 거꾸로 갖게 되는 것이니 생
각이 여기에 이르면 부귀를 탐낼 것이 없고, 빈천을 싫어할 것

이 없다는 것을 깨달은 것이다. 그러므로 급히 영화를 탐내는 머리를 돌려서 인색하고 아첨하는 일을 행하지 말고, 청고를 근심하는 눈썹을 활짝 펴서 담박한 지조를 지킬 것이다.

原文

人之有生也 如太倉粒米 如灼目之電光 如懸崖朽木 如逝海之巨波 知此者 如何不悲 如何不樂 如何看他不破 而懷貪生之慮 如何看他不重 而貽虛生之羞

讀解

사람이 이 세상에 사는 것은 마치 창고 안에 있는 낱알과 같고, 눈앞에 번쩍이는 번개빛과 같고, 언덕에 매달린 썩은 나무와 같고, 흘러가는 바다의 큰 물결과 같다. 이러함을 아는 자는 어찌 슬퍼하지 않을 수 있으며, 어찌 즐거워하지 않을 수 있으랴? 어찌하여 저것을 보고 마음을 깨치지 못하여 살기를 탐내는 마음을 가지며, 어찌하여 저것을 보고 소중하지 않음을 알아서 헛되이 사는 부끄러운 마음을 갖지 않겠는가?

講義

사람이 우주 사이에 살고 있는 것을 보면 그 몸뚱이가 매우 작고도 약하며, 그 사는 시간이 매우 빠르고도 급해서 오래 견디지 못함을 알 것이다. 짧디짧은 일곱 자 되는 몸뚱이를 가지고 가이없는 공간(空間)에 살고 있으니 그 작기가 마치 큰 창고 속에 있는 낱알과 같고, 백 년의 생명을 가지고 저 오랜 시간 속에 살아 가니 그 빠름이 마치 눈앞을 스쳐가는 번갯불과

도 같다. 그 위태롭고 약하기로는 마치 언덕에 매달려져 있는 썩은 나무와 같고, 그 변함이 무상(無常)하기로는 바닷속의 파도와도 같다.

이러한 인생의 무상함을 안다면 어찌 슬프지 않으며, 이같이 무상한 가운데에 다행히 살아 있는 것을 생각하면 어찌 즐겁지 않는가? 어찌 이같이 무상함을 깨닫지 못하고, 부질없이 삶을 탐내는 생각을 가져 한 번 죽기를 구구하게 피하며, 어찌 이같이 무상함 속에서 다행히 살고 있음을 소중히 여기지 않아서 절대한 도덕과 위대한 사업을 이루어 그 이름을 만고에 전하지 않고, 아무렇게나 헛되이 살다가 부질없이 죽는 부끄러움을 세상에 끼치는가?

原文

東海水 曾聞無定波 世事何須扼腕 北邙山 未省留閒地 人生且自舒眉

讀解

동해 물은 일찍이 일정한 파도가 없다고 들었는데 세상사에 관하여 어찌 꼭 팔뚝을 걷어붙이는가? 북망산(北邙山)은 빈 땅이 있음을 보지 못하였으니 인생은 또 스스로 눈썹을 펼 것이다.

講義

동해 물은 항상 천만 물결이 출렁거려 일정한 파도가 없다. 세상사도 이와 같아서 만국의 흥망과 천고의 성쇠가 한없이 변하여 일시적인 운명을 믿을 수 없는 것이다. 그런데 어찌 세상의 일시적 득의(得意)를 방자하게 생각하여 팔뚝을 걷어붙이고 교만을 부려서 되겠는가?

　북망산(北邙山)에는 다닥다닥 붙어 있는 여러 무덤들이 언덕에 잇달아서 빈 땅이 없다. 이것으로 미루어 보면 고금 사람들 중에 죽지 않는 자가 없다는 것을 알 수 있다. 이렇게 사람이 조만간 죽을 것을 안다면 생전의 일에 대하여 과도히 고통을 느끼고 근심할 필요가 없는 것이니, 인생은 마땅히 눈썹을 활짝 펴고 스스로 즐거워할 것이다.

原文

天地尙無停息　日月且有盈虧　況區區人世　能事事圓滿而時時暇逸乎　只是向忙裡偸閒　遇缺處知足　則操縱在我作息自如　卽造物不得與之論勞逸　較虧盈矣

讀解

　천지(天地)도 오히려 쉬는 일이 없고 일월도 차고 기울고 하는지라, 하물며 구구한 인간 세상에 어찌 일마다 원만하고 때마다 편안할 수 있으랴? 다만 바쁜 가운데에도 한가함을 얻고, 모자라는 곳에서도 족함을 알면, 곧 조종하는 것이 나에게 달려 있고 일하고 쉬는 것이 맘대로 되어 조물주도 나와 더불어 노고와 안일을 의논하지 못하고 기울고 차는 것을 비교하지 못할 것이다.

講義

　하늘과 땅도 움직이고 회전해서 잠시도 쉬는 일이 없고, 해와 달도 차고 기울고 해서 둥글고 밝은 빛을 항상 지키지는 못한다. 사람이 구구한 세상에 살면서 만사 복잡함 속에 어찌 일마다 원만해서 조금도 결함이 없을 것이며, 백 년 동안 살아가는 사이에 어찌 때마다 편안하여 잠시의 분주함도 없기 바라랴?

다만 분주함 속에서도 한가롭고 안일함을 구하고, 부족한 일이 있는 때에도 만족한 것을 알면 만족하고 부족함이 내 맘대로 되고, 한가롭고 바쁜 것이 자유자재로 조종되어 어떠한 조물주의 재주로도 나에 대하여 노고와 안일을 의논하지 못하고, 차고 기우는 것을 비교하지 못할 것이니 모든 일이 내 맘대로 조종되어 한결같을 수 있을 것이다.

原文

會心不在遠 得趣不在多 盆池拳石間 便居然有萬里山川之勢 片言隻語內 便宛然見千古聖賢之心 纔是高士的眼界 達人的胸襟

讀解

마음으로 깨닫는 것은 먼 곳에 있지 않고, 취미를 얻는 것은 많은 데에 있는 것이 아니다. 항아리만한 못과 주먹만한 돌 사이에도 문득 스스로 만리 산천의 형세가 있고, 말 한 마디 속에서도 문득 뚜렷이 천고(千古) 성현의 마음을 볼 수 있는 것이니, 이것이야말로 고사(高士)의 안목이며 달인(達人)의 흉금인 것이다.

講義

　마음속에 깨닫는 것은 고원한 곳에 있는 것이 아니라 가까운 곳에도 있고, 취미를 얻는 것은 많은 물건에 있는 것이 아니라 조그만 일에도 있는 것이다. 항아리만한 못과 주먹만한 돌, 즉 아주 작은 땅에도 만 리나 되는 산천의 형세가 깃들어 있고, 한 마디나 반 마디의 짤막한 말 속에서도 넉넉히 천고 성현의 마음을 볼 수 있다. 이것은 작은 것에서 큰 것을 알고 가까운 것에서 먼 것을 보는 것이니, 이것이야말로 고결한 선비의 안목이며 달관한 사람의 흉금이라 할 것이다.

原文

逸態閒情 惟期自尙 何事外修邊幅 淸標傲骨 不願人憐 無勞多費胭脂

讀解

　편안한 태도와 한가로운 심정은 오직 자상(自尙)을 기약할 것이니, 어찌 밖의 수식(修飾)을 일삼으랴? 청초한 풍채와 고상한 골격은 남이 예쁘게 여겨 주기를 원치 않은 것이니 많은 연지를 허비하기에 수고하지 말 것이다.

講義

　보통보다 뛰어난 모습과 한가롭고 청아(淸雅)한 정회(情懷)는, 자기 혼자 숭상하기를 기약하여 유유자득(悠悠自得)할 뿐이니, 어찌 외경(外境)의 모양을 꾸미면서 세정(世情)에 구차히 맞기를 구하랴? 수식을 가하면 도리어 뛰어난 모습과 청아한 정회를 손상하여 구구한 천장부(賤丈夫)가 될 것이다.

 청초한 풍채와 고상한 골격은 남이 예쁘게 여겨 주기를 원치 않는다. 그래서 얼굴에 연지를 허비하여 많이 칠할 필요가 없다. 연지를 많이 칠하여 화장을 하는 것은 장부의 사랑을 구하는 아녀자의 교태에서 나오는 것이다. 일시의 사랑을 얻기 위해서 백방으로 아첨하고 천 가지로 미소 짓는 졸장부의 태도는 오히려 천한 기생의 화장보다도 심한 자가 많은 법이니, 천고의 타매(唾罵)를 받는 자가 바로 이것이다.

原文

樓遲蓬戶 耳目雖拘 而神情自曠 結納山翁 儀文雖略 而意念常眞

讀解

 봉호(蓬戶)에 살면 이목(耳目)은 비록 정체(停滯)되지만 정신은 저절로 넓어진다. 산옹(山翁)과 사귀면 예절은 비록 간략하지만 마음만은 항상 참되다.

講義

 은사(隱士)가 쑥대로 지붕을 덮은 조그만 집에서 살면, 이목(耳目)은 비록 정체되어 천 리의 들빛이나 만 리의 강물소리를 듣지 못한다. 그러나 정신만은 자연히 넓어져서 비단 장막과 화려한 방안에서 사랑을 속삭이는 것보다 낫다. 또 산중의 순박한 늙은이와 사귀는 것은 그 교제에 비록 예절을 간략해서 읍양(揖讓)하고 문답하는 조리는 없을지언정, 생각만은 항상 진실해서 교제에 익숙한 아부꾼을 사귀는 것보다 낫다.

[原文]

造化喚作小兒 切莫受渠戱弄 天地丸爲大塊 須要任我爐錘

[讀解]

조화주(造化主)라도 어린애처럼 여겨서 그의 희롱을 받지 말며, 천지라도 둥그런 큰 흙덩어리로 여겨 내 맘대로 노추(爐錘)에 맡겨 둘 것이다.

[講義]

비록 조화의 주재(主宰)라 해도 이를 두려워 말고, 쉽게 내 지휘하에 들어오는 어린아이처럼 알아서 그 희롱을 받지 말도록 할 것이다. 또 비록 천지의 크기라도 이를 지나치게 중시하지 말고, 조금 큰 흙덩어리로 보아서 나의 노추(爐錘)에 맡겨 둘 것이다. 여기의 노추란 화롯불로 단련하고 망치로 두드려서 금속품의 모양을 만드는 것으로 곧 맘대로 만든다는 뜻이다.

그러므로 위대한 사업을 이룩하는 큰 호걸은 조화옹의 힘을 빼앗고 시세(時勢)를 창조하여 모든 사업을 조금도 외물에 의뢰하지 않고 자력으로 이룩하는 것이다. 자주성이 없어서 일생의 사업을 오직 운명에만 맡기는 피동적인 사람은 이 글을 보고 깨우침이 있어야 할 것이다.

5 槪 論

講義

개론(槪論)이라 한 것은 인생의 정욕과 사물의 상태를 망라하여 그 고통스러운 일을 징계하고, 행복되는 일을 권면해서 처세 수양의 모든 문제를 개괄적으로 이야기한 것이다.

原文

君子之心事天青日白 不可使人不知 君子之才華 玉韞珠藏 不可使人易知

讀解

군자의 심사는 하늘이 푸르고 해가 밝은 것과 같아서 사람으로 하여금 알지 못하게 하여서는 안 되며, 군자의 뛰어난 재능은 옥을 싸 두고 구슬을 감춰 둔 것과 같아서 사람으로 하여금 쉬이 알게 하여서는 안 될 것이다.

講義

군자란 덕행이 있는 사람을 말한다. 군자가 가지고 있는 마음씨나 행하는 일은 마치 푸른 하늘이나 밝은 태양과 같이 공명정대해서 한 점의 거짓도 없다. 그러므로 조금이라도 숨겨서 남이 알지 못하게 하는 것은 옳지 못하다. 그러나 그 재능은 옥이 돌 속에 싸여 있고, 구슬이 바다 밑에 감춰져 있듯이 경솔히 그 빛을 나타내지 않아서 남이 쉽게 알 수 없다.

이것은 숨은 덕을 함양(涵養)하여 남의 시기를 피하는 것이다. 그러나 소인은 이와 반대로 그 심사는 거짓이 많기 때문에 숨겨져 있고 허식이 많아서 남이 알 수 없으나, 만일 조금이라도 재능이 있으면 이것을 크게 떠들어 발표해서 남이 몰라 줄까 걱정한다. 이것은 군자와 소인의 차이 중에서 가장 중요한 점이다.

原文

耳中常聞逆耳之言 心中常有拂心之事 纔是進德修行的砥石 若言言悅耳 事事快心 便把此生 埋在鴆毒中矣

讀解

귓속에 항상 귀에 거슬리는 말이 들리고, 마음속에 항상 마음에 거슬리는 일이 있으면, 이것은 곧 덕을 힘쓰고 행동을 닦는 숫돌과 같은 것이다. 만일 일마다 귀에 듣기 좋고 마음에 쾌하다면, 이것은 곧 나의 일생을 잡아다가 짐독(鴆毒) 속에 묻어 두는 것과 같은 것이다.

講義

올바른 말은 귀에는 거슬리지만 행동에는 이롭고, 남의 제재와 방해는 내 심사에는 거슬리지만 나의 거만하고 게으른 폐단을 고쳐 주어, 갈고 닦는 공을 더해서 덕을 행하도록 하는 유익함이 있다. 그러므로 어느 정도의 귀에 거슬리는 충고와 마음에 거슬리는 제재는 덕으로 나아가고 행동을 닦는 데에 공이 있는 것이다. 가령 어떤 사람이 무례한 욕설로 듣기 싫은 말을 하고, 모욕적인 행동으로 내 마음에 거슬리는 짓을 해도, 이것은 모두 나로 하여금 인욕(忍辱)의 덕과 근신의 행동을 더하게 하는 것이다. 그렇다면 귀에 거슬리는 말과 마음에 거슬리는 일은 모두 덕과 행동의 때를 씻고 연마해 주는 숫돌과 같은 것이다.

만일 아첨하는 말이 듣기 좋고 거짓으로 하는 일이 마음을 유쾌하게 한다면, 이것은 갈고 닦는 공을 없애고 단련하는 도를 잃어서 덕으로 나아가는 길이 막히고 말 것이니, 나의 일생을 묶어다가 독약 속에 묻어 놓는 것과 같다. 그러므로 성군(聖君)은 눈앞에서 간하는 직신(直臣)을 사랑하고, 군자는 충고하는 익우(益友)를 공경하는 것이다.

原文

醲肥辛甘非眞味 眞味只是淡 神奇卓異非至人 至人只是常

讀解

진한 술과 살진 고기와 맵고 단 맛은 참맛이 아니라, 참맛은 다만 담박한 것뿐이다. 신령스럽고 기이하고 탁월하며 이상한 것이 덕이 높은 이가 아니라 덕이 높은 이는 다만 평범한 사람이다.

講義

진한 술, 살진 고기, 맵고 단 음식은 모두 일종의 편미(偏味)다. 아무리 이것을 적당히 조절한대도 먹는 시기의 장단(長短)이나 위장의 기름지고 메마름과 풍토·습관 등에 따라서 좋아하고 싫어하는 차이가 있는 것이니, 이는 참된 맛이 아니고 참된 맛은 곧 담박한 차나 밥 종류인 것이다. 이 차와 밥은 어느 곳, 어떠한 사람, 또는 어느 때를 막론하고 항상 먹어도 싫증이 나지 않는 진미(眞味)이며, 한 걸음 더 나아가 말하자면 맛 없는 음식이 바로 진미이다.

신기(神奇)는 환술(幻術)과 같은 변상(變相)이고 탁이(卓異)는 특별히 괴이한 일을 말한다. 이는 곧 '괴력난신(怪力亂神)' '색은행괴(索隱行怪??)' 따위의 일들이다. 덕이 높은 이는 평범한 도를 행하는 것이니, 선가(禪家)에서 말하는 '기래끽반곤래즉수(飢來喫飯困來卽睡)', 즉 '배가 고프면 밥을 먹고 피곤하면 잠을 자라'는 것이 곧 덕이 높은 이가 행하는 일이다.

原文

夜深人靜 獨坐觀心 始知忘窮而眞獨露 每於此中得大機趣 旣覺眞現而忘難逃 又於此中 得大慚悔

讀解

밤은 깊고 인적은 고요한데 홀로 앉아서 반성하여 보면, 비로소 망령된 것은 궁진하고 참다움만이 드러남을 깨달아서 매양 이 속에서 큰 실마리를 얻을 것이다. 이미 참다움이 나타나서 망령된 것이 도망하기 어렵게 됨을 깨달으면, 또 이 속에 큰 부끄러움을 얻을 것이다.

講義

밤은 이미 깊고 인적은 고요해서 온 천지가 모두 고요한 때에 아무것도 감촉하는 일이 없이 홀로 앉아서 자기의 마음을 보면, 터럭만한 티끌도 움직이지 않을 것이다. 낮에 여러 가지 일을 접해서 희로애락의 정욕이 어지러이 일어나서, 일곱 자 밖에 되지 않는 몸뚱이를 온갖 번민 속에 파묻는 갖은 망령된 마음이 없어지고, 텅 비고 신령스러운 진심의 본체가 드러나서 잡됨 속에 영묘(靈妙)한 단서를 얻게 될 것이다.

이미 진심이 명백히 나타나서 과거의 망상(妄想)의 형적을 숨기기 어려워서 그 망령된 마음의 거짓임을 알기 때문에, 지난날의 잘못을 깨달아서 이에 큰 부끄러움이 생기게 된다.

[原文]

恩裏由來生害 故快意時 須早回頭 敗後或反成功 故拂心處切莫放手

[讀解]

은혜 속에서 본래 해가 생기는 법이다. 그러므로 마음이 쾌한 때에는 모름지기 빨리 머리를 돌려봐야 한다. 또 일이 실패한 뒤에 혹 반대로 공을 이루는 수가 있으니, 마음에 거슬리는 곳에서 절대로 손을 떼지 말 것이다.

[講義]

남에게서 사랑이나 은혜를 입는 것은 독립 생활에 방해가 되는 것이니 사람에게 복되는 것이 아니다. 또 은혜를 베푼 것이 한 번 변하면 도리어 원수와 원망에서 오는 해가 생길 수 있다. 그러므로 은혜와 사랑이 진정 성하여 유쾌할 때에 일찍이 머리를 돌려 살펴보고 물러나서 은혜를 입은 동안에 남아 있는 은의(恩誼)를 머무르게 하여, 앞으로의 교분을 영구히 보존하여야 할 것이다.

 또 사업을 경영하다가 실패한 후 정력을 가다듬어 새로운 길을 계획하면, 앞에서 겪었던 실패가 훗날 경험을 만들어 주어 도리어 최후의 성공을 거두는 수가 있다. 그러므로 실패의 곤란을 당해서 마음에 거슬릴 때에 절대 낙망하여 손을 떼지 말고 더욱더 용진해서 힘쓸 것이다. 예부터 위대한 일을 이룬 영웅·호걸 들 중에 다소의 실패를 겪지 않은 이가 있었던가?

[原文]

面前的田地 要放得寬 使人無不平之歎 身後的惠澤 要流得長 使人有不匱之思

[讀解]

 면전(面前)의 전지(田地)는 관대히 개방해서 남으로 하여금 불평을 말하는 일이 없게 할 것이다. 죽은 후의 혜택은 길이 계속되게 하여 남으로 하여금 부족해하는 생각이 없게 할 것이다.

[講義]

 면전(面前)이라 함은 곧 생전을 말하는 것이요, 전지(田地)는 곧 심지(心地)란 말이다. 생전의 마음을 관대하게 개방하여 남의 예쁘고 미운 것을 가리지 않고 모두 포용해서, 남으로 하여금 나에 대한 불평을 말하는 일이 없게 할 것이다. 또 생전의 공적으로 인하여 죽은 뒤까지 미치는 은혜와 덕택의 흐름이 장구하게 가서 후인들이 부족한 생각을 갖지 않게 할 것이다.

동서 고금에 대종교가나 대사업가·대학술가·대저작가들이 만고에 없던 사리(事理)를 밝혀 천만인에게 그 은택을 내려, 그것이 천년에 미치도록 남음이 있게 한 것이 바로 이것이다.

[原文]

路徑窄處 留一步與人行 滋味濃的 減三分讓食 此是涉世一極樂法

[讀解]

좁은 지름길에서는 한 걸음을 멈추어 남을 가게 하고, 맛좋은 음식이 있을 때에는 삼분(三分)을 감해서 남에게 양보하여 맛보게 하라. 이것이 바로 세상을 살아가는 한세상의 극락의 방법이다.

[講義]

지름길이 위험하고 좁아서 두 사람이 함께 갈 수 없는 곳에서 행인을 만났을 때에 한 걸음을 양보해서 남이 먼저 가게 하라. 또 10분의 맛좋은 음식을 대했을 때에 그 음식의 3분을 감하여 남과 나누어 먹으면, 다투고 빼앗는 화를 면할 뿐만 아니라 족히 남의 감사해하는 마음을 얻을 것이다. 이것이 이 경쟁적인 뜬세상을 건너가는 안전한 방법이다.

[原文]

作人 無甚高遠的事業 擺脫得俗情 便入名流 爲學 無甚增益的工夫 減除得物累 便臻聖境

讀解

 사람을 만드는 데에 매우 고원(高遠)한 사업은 없는 것이니, 세속 물정을 벗어날 수 있으면 문득 명류(名流)에 들어간다. 또 학문하는 데에는 매우 도움이 되는 공부가 없는 것이니, 물건의 누(累)를 감해 없앨 수 있으면 공장 성인(聖人)의 경지에 들어갈 수 있다.

講義

 천고의 아름다운 행적이 역사상에 뚜렷한 위인들도 남보다 뛰어난 세상 밖의 사업을 행한 것이 아니다. 인도상의 보통 행하는 일을 적당히 행했을 뿐이다. 세속 일을 행해도 거기에 물들지 않아 속정(俗情)의 구속을 벗어나면, 이 사람은 곧 명류(名流)에 들어갈 수 있다. 불서(佛書)에 가로되 '세상 속에 들어가서 세상을 벗어나야만 참으로 세상에서 뛰어난 것이다'라 한 말이 바로 이것이다.

 또 어떠한 도학자라도 본래 없었던 도리를 새로 만들어내는 것은 아니다. 본래 갖추어져 있던 지혜와 덕을 원만히 발휘할 뿐이다. 다만 물건의 누(累)에 구속되지 않고 거기에서 점점 벗어나면, 자연히 성인(聖人)의 경지에 도달하는 것이다. '다만 보통 사람의 심정에 다하는 것이요, 별다른 해석이 없다'는 것이 이것이 아니겠는가?

 세상 사람은 이를 알지 못하고 세속의 인정에서 벗어나기를 마치 고원(高遠)한 사업으로 여기고, 물건의 누를 없애는 것을 본래 없던 공부를 새로 하는 것으로 잘못 생각하고 있다.

原文

盖世的功勞 當不得一個矜字 彌天的罪過 當不得一個改字

讀解

세상을 덮는 공로도 하나의 '긍(矜)' 자를 얻을 수 없으며, 하늘에 닿는 죄악도 하나의 '개(改)' 자를 얻을 수 없다.

講義

천고의 영웅, 일대의 호걸이 위해한 공과 큰 사업을 세워서 그 공로가 한세상을 덮어도, 자기의 일신을 만능의 신(神)과 같이 여겨서 스스로 자랑하고 자만하면 덕을 잃고 원망을 사서 이미 이루어진 공로가 점점 소멸되어 버린다. 왜냐 하면 소위 '세상을 덮은 공로가 있다'는 유명한 영웅은 반드시 무수한 무명 영웅의 희생적인 생애를 허송한 뒤에라야 그 공과(功果)를 거두는 것이니, '一將功成萬骨枯(한 사람 장군의 공은 만명 병졸의 죽음에서 이뤄진다)'라는 옛 글귀가 이를 말하는 것이다. 이것은 결코 한 사람의 힘으로 이루어지는 것이 아닌데 저 혼자의 공으로 자랑하여 만인의 노고를 무시하면 그 공로가 길이 보존되지 못할 것이니, 비록 개세(盖世)의 공로라도 어찌 하나의 '자랑 긍(矜)' 자의 힘을 당할 수 있으랴?

또 비상한 죄과(罪過)라 할지라도 하루아침에 이를 뉘우쳐 그치고, 다시 아름다운 행동과 덕을 행해 나간다면 지난날의 죄과는 없어지는 것이다. 그러므로 비록 하늘에 닿는 죄과라 할지라도 하나의 '고칠 개(改)' 자를 감당하지는 못할 것이다. 그러므로 공이 있는 사람은 '긍(矜)' 자를 삼가야 하고, 허물이 있는 사람은 '개(改)'자를 생각할 것이다.

원문

事事留個有餘不盡的意思 便造物不能忌我 鬼神不能損我 若業必求滿 功必盈求者 不生內變 必招外憂

독해

일마다 여유가 있어 무한히 유의(留意)하면, 곧 조물주도 나를 꺼리지 못하고 귀신도 능히 나를 해치지 못한다. 그러나 만일 사업은 반드시 만족한 것을 구하고 공로는 반드시 가득 차기를 구하는 자는 내환(內患)이 생기지 않으면 반드시 외우를 초래할 것이다.

강의

매사에 대하여 극단적인 성취를 구하지 말고, 항상 여유가 있고 부단히 유의하여 그 다하지 않는 여지(餘地)에 외물(外物)이 요구하는 사변을 용납한다면, 조물주도 능히 나를 시기하지 못하고 귀신도 능히 나를 해치지 못한다. 이와 반대로 사업과 공적에 있어 반드시 차고 가득하기를 바라면, 내부에서 변고가 생기거나 외부의 근심이 생기게 된다. 그러므로 10분의 그릇에 7분의 물을 담고 3분의 여유를 남겨 두면 그 물이 안전하지만, 10분의 물을 가득 채우고 보면 그 물이 넘지 않으면 반드시 엎질러지는 것과 같다.

원문

攻人之惡 無太嚴 要思其堪受 教人以善 毋過高 當使其

可從

[讀解]

남의 나쁜 행위를 공격하는 데에는 너무 지나치게 엄하게 하지 말고 그가 받아들일 것을 생각할 것이다. 남에게 착한 일을 하도록 가르침에는 지나치게 고상히 하지 말고 마땅히 그가 좇을 만큼 하여야 한다.

[講義]

남의 나쁜 점을 공격한다는 것은 남의 잘못을 성토(聲討)해서 그 나쁜 짓을 중지하게 하는 것이다. 그러나 그 공격함이 지나치게 엄하면 도리어 그 사람의 감정을 사기가 쉬운 것이니, 그가 견디어 받아들일 만한 정도를 생각하여 적당히 조절해서 해야 한다.

또 남에게 착한 일을 하도록 가르침에는 지나치게 고상한 일을 말하여 그가 실천하지 못하면, 그 가르치는 공을 나타내지 못하게 되는 것이다. 그러므로 그 사람의 기량(器量)이나 재지(才智)에 따라서 좇을 만한 정도로 가르칠 것이다. 부처님은 대승인(大乘人)을 만나면 대승법을 가르치고, 소승인을 만나면 소승법을 가르쳤다. 공자(孔子)도 '중인(中人) 이하에게 상(上)을 말하지 말라' 하였다.

[原文]

糞蟲至穢 變爲蟬 而飮露於秋風 腐草無光 化爲螢 而耀采於夏月 故知潔常自汚出 明每從暗生也

讀解

 꽁지벌레는 아주 더러우나 변해서 매미가 되면(사실은 왕파리가 된다) 가을 바람에 이슬을 마신다. 썩은 풀은 광채가 없지만 화해서 반딧불이 되면 여름 밤에 광채를 비친다. 그러므로 깨끗한 것은 항상 더러운 데에서 나오고, 밝은 것은 매양 어둔 곳에서 생김을 알아야 한다.

講義

 꽁지벌레는 진흙 속에서 자라는 더러운 동물이다. 그러나 이것이 변해서 매미가 되어 가을 바람이 선들거리면 맑은 이슬을 마시면서 노래한다. 또 썩은 풀은 보잘것없는 더러운 물건이다. 본래 아무 광채도 없는 것이나 이것이 화해서 반딧불이 되면 여름 밤에 그 빛을 발(發)한다. 그러므로 매미의 깨끗함은 꽁지벌레의 더러운 데에서 나오는 것이요, 반딧불의 밝음은 썩은 풀의 어두운 데에서 생기는 것이니, 이 이치를 미루어 모든 것을 알 수 있다.

 홍안(紅顔)은 박명(薄命)한 데에서 생기고 문장은 곤궁에서 나온다. 성공은 실패한 뒤에 생기고 영달(榮達)은 곤궁한 뒤에 얻는 것이다. 천고에 공경할 만하고 사랑할 만한 영웅과 호설들도 그 얼마나 곤궁과 빈천 속에서 나왔던가? 사람은 일시의 실의(失意)로 해서 끝내 낙망하지 말 것이다.

原文

矜高倨傲 無非客氣 降伏得客氣下而後正氣伸 情欲意

識 盡屬忘心 消殺得忘心盡 而後眞心現

[讀解]

자랑과 거만은 객기(客氣) 아닌 것이 없으니, 객기를 눌러서 내려보낸 후에야 바른 기운이 퍼진다. 정욕과 의식은 모두 망령된 마음에 속하는 것이니, 망령된 마음을 없앤 뒤에야 진심이 나타나는 것이다.

[講義]

스스로 잘난 체하고 스스로 높은 체하는 것과 남을 대하여 오만한 것은 추하고 부박(浮薄)하며 부도덕한 객기다. 이 객기를 굴복받은 뒤에라야 공평정대한 바른 기운이 퍼질 수 있다. 또 남을 미워하고 사랑하는 정욕과 번잡스러운 의식은 모두 망령된 마음에 속하는 것이니, 이 망령스러운 마음을 없앤 뒤에라야 밝은 진심이 나타날 것이다.

아무리 그렇더라도 이 객기와 정기(正氣)는 상대적인 두 가지가 아니요, 망령된 마음과 참마음은 판이한 두 개의 물건이 아니라 동일한 기운이요 마음이다. 그러나 망령된 행동을 가리켜 객기니 망심(妄心)이니 하고, 본연의 작용을 일러 정기(正氣)니 진심이니 한다. 정기와 진심은 거울 같은 물과 같고, 객기와 망심은 거친 풍파와 같으니, 거울 같은 물을 떠나서 따로 거친 풍파가 스스로 있는 것은 아니다.

[原文]

飽後思味 則濃淡之境都消 色後思婬 則男女之見盡絶 故人常以事後之悔悟 破臨事之痴迷 則性定而動無不正

讀解

배가 부른 뒤에 음식 맛을 생각하면 짙고 담박한 경지가 모두 사라지고, 색사(色事) 후에 음정(婬情)을 생각하면 곧 남녀 관계가 다 끊어질 것이다. 그러므로 사람은 항상 일이 지난 뒤에 반성하고 일에 임했을 때의 어리석은 것을 깨친다면, 곧 성품이 안정되어 행동에 정당하지 않은 것이 없을 것이다.

講義

배부르게 먹은 후에 음식 맛을 생각하면, 맛이 있고 없고간에 그 미각의 경지가 다 없어진다. 색사(色事)를 행한 후에 음정(婬情)을 생각하면, 남녀간의 사랑에 대한 마음이 아주 없어질 것이다. 그러니 배부른 뒤에는 통음포식(痛飮飽食)한 것을 후회할 것이요, 색사(色事) 후에는 여색에 빠진 과도한 음란을 후회할 것이다.

그러므로 무슨 일이거나 사후에 후회할 것을 미리 생각해서 일에 임했을 때에 그 어리석은 마음을 깨친다면, 성정(性情)이 평정해서 여하한 행위에도 정당하지 않은 일이 없을 것이다.

原文

居軒冕之中 不可無山林的氣味 處林泉之下 須要懷廟堂的經綸

讀解

헌면(軒冕) 속에 있어도 산림(山林)의 기미(氣味)가

없어서는 안 되고, 임천(林泉) 밑에 살아도 모름지기 조정에서 일할 경륜을 생각해야 한다.

[講義]

헌면(軒冕)이란 고관이 타는 수레와 쓰는 관(冠)이다. 수레를 타고 관을 쓰고 조정에 출입하여, 군국대사(軍國大事)를 경영하는 고관대작이 한결같이 벼슬길의 명리(名利)만을 좇아다니면 속세에 물들어 그 뜻을 손상할 것이다. 또 명리를 구하지 않는 어진 재상이나 청렴한 관리라 할지라도 지나치게 바쁜 벼슬살이에 정신이 피로하면, 도리어 '당국(當局)의 미(迷)'를 이루어 정견(政見)의 오산을 일으키기 쉽다.

그러므로 높은 벼슬아치라도 고결하고 냉담한 산림적(山林的)인 기풍을 가져서 이익만을 좇아 뜻을 잃는 폐단이나 계획을 잘못 세우는 과실이 없게 할 것이다. 비스마르크의 대정견(大政見)은 이따금 공원을 산책할 때에 얻었다 함이 하나의 그 명확한 증거이다.

또 혹시 불우한 사람이나 은일(隱逸)의 선비들이 임천(林泉)에 살아 구름, 학과 더불어 담박한 생활을 하고 있더라도 한결같이 적막하고 쓸쓸한 염세적인 인물이 되지 말고, 세상을 구제하고 나라를 건지는 큰 경륜을 품고 있어야 한다. 한(漢)나라 제갈양(諸葛亮)이 융중초려(隆中草廬)에 누워서 봄날에 낮잠을 자는 중에도 벽에는 형주(荊州)와 익주(益州)의 지도를 걸어 놓고, 한나라의 부흥을 경륜한 것이 바로 본보기이다.

[原文]

憂勤是美德 太苦 則無以適性怡情 淡泊是高風 太枯 則

無以濟人利物

[讀解]

근심과 근면은 미덕이지만 지나치게 고달프면, 곧 자기 성품에 알맞고 심정을 온화하게 할 수 없다. 담박은 높은 풍도이나 지나치게 메마르면, 곧 남을 구제하고 물건을 이롭게 할 수 없다.

[講義]

근심이란 삼가고 조심한다는 뜻이요, 근면이란 힘쓰고 노고한다는 말이나 매사에 근심하고 근면하다는 것은 아름다운 풍도이다. 그러나 지나치게 고달프고 근면하면 성정(性情)을 온화하게 기르지 못한다. 또 담박한 생활은 실로 고상한 풍도이다. 그러나 지나치게 메마를 정도로 담박하면, 마른 나무가 쓰러지는 것처럼 사람을 구제하고 물건을 이롭게 할 수 없다.

[原文]

事窮勢蹙之人 當原其初心 功成行滿之士 要觀其末路

[讀解]

일이 궁하고 행세가 움츠러든 사람은 마땅히 그 원초의 마음을 찾고, 공이 이루어지고 행동이 성취된 자는 자기의 말로를 생각해야 한다.

[講義]

사람이 일을 경영하다가 극도의 실패를 당하여 사세가 궁하여지면 그 일의 실패에만 몰두하여 쓸데없는 걱정을 할 것이 아니라, 마음을 돌려 일을 착수하기 이전의 마음을 찾아서 다시 일을 경영할 것이다. 초(楚)나라 항우(項羽)가 해하(垓下)에서 패한 후에 오강(烏江)을 건너서 다시 권토중래(捲土重來)의 계획을 세웠더라면, 진(秦)나라 산하가 누구의 물건이 됐을지 모를 일이다. 그런데 일시의 낙망을 참지 못하여 자결하는 참극을 자아내어 천고의 유감을 만든 것은 사세가 궁핍할 때를 당하여 그 원초의 마음을 찾지 못하였기 때문이다.

또 공이 원만히 이루어진 자는 더 한층 원대한 생각을 가져 말로의 안전함을 생각하고 기회를 보아 물러나 그 종말을 보존해야 한다. 한나라 한신(韓信)은 창업의 대공을 가위 다 세웠다고 할 수 있는데 최후에 가서 하찮은 아녀자인 여후(呂后)의 손에 죽었으니, 이것은 그 말로를 잘 도모하고 관찰하지 못한 까닭이다.

原文

富貴家 宜寬厚 而反忌剋 是富貴 而貧賤其行 如何能享
聰明人 宜斂藏 而反炫耀 是聰明 而愚懵其病 如何不敗

讀解

부귀한 집에서는 마땅히 관후(寬厚)해야 할 것인데 도리어 시새우면, 이것은 부귀해도 그 행동은 비천한 것이니 어찌 그 부귀를 오래 누릴 수 있으랴? 또 총명한 사람은 마땅히 그 재주를 숨겨야 할 터인데 도리어 그것을 드러낸다면, 이는 총명해도 어리석은 병통이 있는 것이니 어찌 망하지 않겠는가?

講義

부귀한 집에서는 마땅히 남을 너그럽게 용서하고 후하게 남을 구제해 주어야 한다. 그런데 도리어 남을 시기하고 물질에 대해서 각박하게 하면, 이것은 비록 부귀하면서도 그 행동은 빈천하게 하는 것이다. 그리하여 모든 사람의 원한을 살 것이니, 어찌 그 부귀를 오래 누릴 수 있으랴?

총명한 사람은 그 재능을 숨겨서 때를 기다려 활용해야 할 것이다. 그런데 도리어 자찬하고 드러내어 경솔히 남용하게 되면, 이는 곧 총명하면서도 어리석은 병통이 있는 것이니 어찌 실패하지 않으랴?

原文

待小人 不難於嚴 而難於不惡 待君子 不難於恭 而難於有禮

讀解

소인을 대우함에 엄한 일에는 어렵지 않으나 미워하지 않기가 어렵다. 군자를 대우함에 공손하기는 어렵지 않으나 예의 있게 하기가 어렵다.

講義

소인은 하는 일이 바르지 않기 때문에 그런 사람에 대해서는 증오의 마음이 생기기 쉽다. 그러므로 소인을 대우하는 데에 있어서는 간략하고 엄하게 하기는 어렵지 않아도 미워하지 않기가 어렵다. 또 덕행이 있는 군자에게는 지나치게 공손히 하기가 쉽다. 그러므로 군자를 대우하는 데에 있어서는 공경하기는 어렵지 않으나 그 공손한 예의를 참작해서 예법에 맞게 하기가 어려운 것이다.

[原文]

降魔者 先降其心 心伏 則群魔退聽 馭橫者 先馭此氣 氣平 則外橫不侵

[讀解]

마(魔)를 항복시키려 하는 자는 먼저 그 마음부터 항복시켜야 한다. 마음이 복종하면 모든 마가 물러가서 내 말을 들을 것이다. 또 횡포를 쫓고자 하는 자는 먼저 이 기운부터 쫓아야 한다. 기운이 평정되면 밖의 횡포가 침입하지 못한다.

[講義]

마(魔)라 하는 것은 일정한 종류가 있어서 어떠한 일에나 영구히 마의 장난이 있는 것은 아니다. 마라는 것은 각각 제 마음을 스스로 흐리게 해서 외물의 진상을 바로 살피지 못하게 한다. 그러므로 미혹된 마음이 편중되어 여러 가지 마를 일으키게 된다. 내심에 의혹이 생기면 물건에 접촉할 때마다 모두 마요, 마음이 안정되면 온갖 마가 다 사라진다. 그러니 마라는 것은 제 마음으로 망령되게 만드는 것이요, 또 나에 대한 마는 내가 마를 없애지 않으면 마도 역시 나에 대한 마력(魔力)을 거두지 않을 것이다.

그러므로 외마(外魔)를 항복시키려 하는 자는 먼저 그 심신을 조화하여 악행을 굴복시켜 남에 대한 나쁜 견해를 없애야 한다. 자기의 마음을 안정시켜 못된 견해를 없애면, 모든 마가 물러가서 내 명령을 좇게 될 것이다. 또 남의 횡포는 나의 추솔하고 경박한 객기에 대하여 그 힘을 나타낸다. 그러므로 먼저 나의 객기를 몰아내어 평온·담박하게 한다면, 밖의 횡포가 저절로 사라져서 나를 침범하지 못할 것이다.

原文

欲路上事 毋樂其便 而姑爲染指 一染指 便深入萬仞 理路上事 毋憚其難 而稍爲退步 一退步 便遠隔千山

讀解

정욕상의 일은 그 안일을 즐기지 말고 그것을 맛보지 말아야 할 것이다. 한 번 맛보게 되면 그것이 곧장 만 길이나 깊게 들어갈 것이다. 또 도리상의 일은 그 어려움을 꺼려 조금도 걸음을 물리지 말 것이다. 한 번 걸음을 물리면 곧장 멀리 여러 산을 격할 것이다.

講義

정욕적인 일은 행하기가 편하고 쉬우나 그 안일함을 즐겁게 여겨, 잠시라도 그것을 맛보지 말아야 할 것이다. 한 번 그 맛을 보게 되면 점점 그 맛을 탐내어 만 길이나 되는 욕망의 구렁에 빠지게 된다. 또 도리상의 일은 실행하기가 좀 어려움을 꺼려서 조금이라도 걸음을 물려서는 안 된다. 걸음을 물리게 되면 점점 동떨어져서 자기와 도리 사이에 천개의 산이 가로놓이듯이 먼 간격이 생겨 마침내 돌이킬 수 없게 될 것이다.

原文

學者要收拾精神 幷歸一處 如修德 而留意於事功名譽 心無實詣 讀書 而寄興於吟咏風雅 定不深心

讀解

배우는 사람은 정신을 수습해서 모두 한 곳으로 돌아가도록 해야 한다. 만일 도덕을 닦는 데에 뜻을 공명(功名)에 둔다면, 실지로 도덕에 나아갈 마음이 없어질 것이다. 또 독서의 흥취를 음영(吟咏)이나 풍아(風雅)에 둔다면 단연코 마음이 깊지 못할 것이다.

講義

학문을 닦는 자는 정신을 분산시키지 말고 모두 수습(收拾)하여 한 곳으로 돌아가게 하여, 그 학문만을 오로지해야 한다. 만일 도덕을 닦는 자가 뜻을 공업(功業)이나 명예에 둔다면, 실지로 도덕에 나아가는 공이 없어질 것이다. 또 글을 읽는 자가 그 뜻을 오로지하여 연구하지 않고 그 취미를 시 읊고 풍류를 노래하는 데에 둔다면, 결코 깊은 경지에 깨달아 들어가지 못할 것이다.

原文

人人有個大慈悲 維摩屠劊無二心也 處處有種眞趣味 金屋茅簷非兩地也 只是欲閉情封 當面錯過 便咫尺千里矣

讀解

사람마다 하나의 대자비(大慈悲)가 있다. 유마(維摩)

나 도회(屠劊)가 두 마음이 없으며 곳곳마다 진취미의 근원이 있다. 또 고대광실과 오막살이가 두 곳이 아닌데 다만 욕망이 막히고 감정이 봉쇄되어 실제에 착오를 일으키면 곧 지척이 천리이다.

[講義]

사람마다 본심에는 모두 대자비(大慈悲)가 들어 있다. 유마힐(維摩詰)은 부처님의 높은 제자요, 도회(屠劊)는 생명을 끊는 잔인한 일을 행하는 회자수(劊子手)를 말한다. 이들 두 사람이 대자비의 본심을 가진 것은 다 같아서 본래부터 두 마음이 있는 것은 아니다.

맹자가 '사람은 누구나 차마 하지 못하는 마음이 있다'고 한 것이 이것이다. 열반회(涅槃會)에서 광액도아(廣額屠兒)가 짐승 잡던 칼을 던지고 즉석에서 성불(成佛)한 일도 있다. 이것이 바로 회자수에게도 대자대비의 불성(佛性)이 있다는 명확한 증거다. 또 어느 곳을 막론하고 유일불변한 진취미가 있다. 금으로 칠한 궁전과 띠를 엮어 지은 집이 그 만든 형식은 아무리 다르다 하더라도 천연적인 취미는 다르지 않다.

그러면 무슨 까닭으로 대자비는 같지만 유마와 회자수의 차이가 있으며, 진취미는 다 똑같은데 금으로 칠한 궁전과 띠집에 대한 감정의 차이가 있는 것인가? 이것은 물욕이 가리고 감정이 서로 봉쇄되어 본심과 진미를 알지 못하니 당면한 것에 잘못을 가져 오기 때문이다. 그러나 그 잘못의 시작은 마음의 지척에서 일어나지만, 그 착오의 결과는 천리나 되게 현격하여진다.

原文

進德修道 要個木石的念頭 若一有欣羨 便趨欲境 濟世經邦 要段雲水的趣味 若一有貪着 便墮危機

讀解

덕에 나아가고 도를 닦는 데에는 오로지 목석 같은 생각이 필요하다. 만일 한 번이라도 기쁜 일이 있으면 곧장 욕망이 있는 심경으로 나아간다. 또 세상을 구제하고 나라를 경영하는 데에 한 가지 운수(雲水)와 같은 취미가 있어야 한다. 만일 한 번이라도 재물을 탐하는 마음이 있으면 곧장 위기에 빠지게 된다.

講義

도덕을 닦는 사람은 감정이 없는 목석과 같이 물욕의 망념(妄念)을 끊어야 한다. 그렇지 않고 만일 사물에 대하여 기뻐하고 부러워하는 마음을 움직인다면, 곧장 탐욕의 경지에 들어가서 도덕을 닦지 못할 것이다.

또 세상을 구제하고 국가 대사를 경륜하는 자는 담박한 운수(雲水) 같은 취미를 가져야 한다. 그리하여 냉정한 두뇌와 고요하고 담박한 심사로 일을 해야 할 것이다. 만일 그렇지 않고 명리나 권세의 탐욕을 갖는다면, 곧장 위기에 떨어져서 경륜하는 일을 이룩하지 못할 것이다.

原文

肝受病 則目不能視 腎受病 則耳不能聽 病受於人所不見 必發於人所共見 故君子欲無得罪於昭昭 先無得罪於冥

冥

[讀解]

　간이 병들면 눈이 보이지 않고 콩팥이 병들면 귀가 들리지 않는다. 병은 남 모르는 곳에서 들어 반드시 남들이 다 보는 곳에서 나타나게 마련이다. 그러므로 군자가 남이 보는 환한 곳에서 죄를 짓지 않으려면, 먼저 아무도 없는 어두운 곳에서 죄를 짓지 말아야 한다.

[講義]

　눈은 간장에 속하기 때문에 간장이 병들면 곧 눈이 보이지 않는다. 귀는 신장(腎臟)에 속하기 때문에 신장이 병들면 귀가 들리지 않는다. 병은 사람이 보지 못하는 몸의 내부에서 들지만, 반드시 사람들이 함께 보는 표면에 나타난다.

　사람의 하는 일도 이와 같다. 일념(一念)의 은미함은 반드시 행하는 일에 나타나고, 홀로 있을 때의 습관은 반드시 여럿이 있는 곳에서 나타난다. 그러므로 군자가 밝은 곳에서 죄를 짓지 않으려면 먼저 어두운 곳에서부터 근신해야 한다.

[原文]

我有功於人 不可念 而過則不可不念 人有恩於我 不可忘 而怨則不可不忘

[讀解]

　내가 남에게 공이 있으면 이것을 생각해서는 안 된다. 그러나 허물이 있을 때에는 이를 생각하지 않을 수 없다. 또 남이 나에게 베푼 은혜가 있으면 이를 잊어서는 안 된다. 그러나 원망이 있을 때에는 이를 잊지 않을 수 없다.

[講義]

내가 남에게 공덕(功德)을 베풀었으면 그 보상을 바라지 말아야 한다. 그러므로 그 공을 잊어버리고 마음속에 두지 말라는 것이다. 그러나 내가 남에게 과오가 있을 때에는 그 허물을 고치기 위하여 항상 잊지 말아야 한다.

또 남이 내게 은혜를 베풀어 주었을 때에는 그 은혜 갚기를 잊지 말아야 한다. 그러나 남이 내게 원한을 샀을 때에는 이것을 즉시 잊어서 원수를 갚지 말 것이다. '군자는 원한으로 원수를 갚지 않고 덕으로써 원수를 갚는다'고 한 옛말이 이를 말하는 것이다.

[原文]

心地乾淨 方可讀書學古 不然 見一善行 竊以濟私 聞一善言 假以覆短 是又藉寇兵 以齎盜粮矣

[讀解]

마음 바탕이 정결해야만 바야흐로 글을 읽고 옛일을 배울 수 있다. 그렇지 않으면 한 가지 착한 행실을 보면 이를 몰래 취하여 자기의 사사로운 것으로 만들고, 한 가지 좋은 말을 들으면 이를 빌려다가 자기의 단점을 엄폐한다. 이는 또한 적군에게 무기를 대어 주고 도둑에게 양식을 보내 주는 것과 같다.

講義

마음에 물든 티끌을 씻어 버려 맑고 깨끗해야만, 바야흐로 좋은 글을 읽고 옛 현인의 일을 배울 수 있다. 마음이 맑고 깨끗하지 못한 자는 글 속의 한 가지 착한 행실을 보면, 이를 몰래 취해다가 자기의 사사로운 것으로 만들어 자기의 일을 착한 행실로 가장하고, 옛 사람의 한 가지 착한 말을 들으면 이를 빌어다가 자기의 단점을 엄폐하여 착한 말로 변조하려 한다.

남의 착한 일을 몰래 취하여 제것으로 만들면 이는 제 잘못을 더하는 것이요, 남의 착한 말을 빌려다가 제 단점을 엄폐하면 이 역시 제 잘못을 더하는 것이다. 이것은 적군에게 무기를 대어 주고 도둑에게 양식을 보내는 것과 같다.

原文

奢者富而不足 何如儉者貧而有餘 能者勞而伏怨 何如拙者逸而全眞

讀解

사치한 자는 부(富)해도 만족하지 못하니, 어찌 검소한 자로 가난하면서도 여유가 있는 것만하랴? 능한 자는 노력하여도 원망을 사니, 어찌 졸한 자로 편안하면서도 온전히 참된 것만하랴?

講義

사치하는 자는 탐욕이 차츰 자라나서 아무리 부자가 되어도 만족하지 못한다. 검소한 사람은 사치하려는 마음이 없기 때문에 가난해도 여유가 있다. 그러니 사치로운 자가 부자이면서도 부족함이, 검소한 자가 가난하면서도 여유가 있는 것만 못한 것이다.

또 재능이 있어도 덕이 없는 자는 남이나 혹은 사물(事物)의 심부름꾼이 되어 심신을 수고롭혀도 왕왕 남의 원한을 받고, 졸(拙)한 자는 재주를 응용할 곳이 없기 때문에 아무 일 없이 안일해서 그 천진(天眞)을 온전히 한다. 그러므로 능한 자가 남의 원망을 사는 것보다는 졸한 자가 천진을 온전히 함이 낫다.

|原文|

讀書 不見聖賢 如鉛槧傭 居官 不愛子民 如衣冠盜 講學 不尙躬行 如口頭禪 立業 不思種德 如眼前花

|讀解|

글을 읽어도 성현을 보지 못하면 문필 도구의 품팔이와 같고, 벼슬자리에 있어도 백성을 사랑하지 않으면 의관을 갖춘 도둑과 같다. 한문을 연구해도 실천궁행을 숭상하지 않으면 구두선(口頭禪)과 같고, 사업을 세워도 덕을 부식할 생각을 하지 않으면 눈앞의 꽃과 같다.

|講義|

글은 읽어도 성현의 정신적인 진면목을 뚫어 보지 못하고, 다만 문장이나 어구(語句)만을 취하면, 이것은 연필이나 종이처럼 글씨를 쓰는 심부름꾼에 지나지 않는다. 관직에 있으면서 백성을 자기의 친자식처럼 사랑하지 않고, 한갓 녹봉만을

받으면 이는 의관을 갖춘 도둑과 같다. 또 학문을 배우면서도 그 아름다운 말이나 착한 행실을 실천하지 못하면, 실력이 없는 선학자(禪學者)가 고덕(古德)의 선구(禪句)를 입으로만 외는 것과 같다. 공업(功業)을 세워도 음덕을 두텁게 쌓아서 후세까지 영원히 앞으로 받을 경사를 남겨 누리지 않으면, 이는 그 공업이 금세 사라져서 잠깐 피었다가 잠깐 져 버리는 눈앞의 꽃과 같은 것이다.

原文

人心有一部眞文章 都被殘編斷簡封錮了 有一部眞鼓吹 都被妖歌艶舞沒湮了 學者須掃除外物 直覓本來 纔有個眞受用

讀解

사람의 마음에는 일부의 진문장(眞文章)이 있는 것이다. 그런데 이것은 모두 단간잔편(斷簡殘編)으로 숨겨지고 만다. 또 일부의 참 음악이 있다. 그런데 이것은 모두 괴상한 노래와 야릇한 춤으로 인하여 인멸된다. 그러니 모름지기 배우는 사람은 외물을 쓸어 없애고, 그 근본을 찾아 얻으면 겨우 한 가지 참다운 배움이 있을 것이다.

講義

사람의 본심은 모든 이치를 갖추어서 만사에 응하는 것이다. 그러므로 각자의 마음속에는 신묘(神妙)하고 원만한 일부의 진문장(眞文章)이 본래부터 갖추어져 있는 것이다. 불경

(佛經)에 '내게 한 권의 책이 있는데 종이와 먹으로 만들어지지 않았으니, 펴 보면 글자 하나 없으나 항상 큰 광명을 발한다(我有一卷經 不因紙墨成 展開無一字 常放大光明)'고 한 구절이 바로 이 마음속의 진문장이다.

그러나 이 진문장을 사람들이 자유롭게 활용하지 못하고, 또 문장을 배우는 자는 이것을 책 속에서 구하기 때문에, 고상하고 미묘한 제 마음속의 진문장이 도리어 낡아빠진 책장 속에 숨겨져 버리고 만다. 또 각자의 마음속에는 절묘한 가락의 참 음악이 있다. 그러나 이것이 도리어 창기(娼妓)나 광대들의 노래와 춤 속에 사라져 버리니 참으로 애석한 일이다. 배우는 자들은 모름지기 이 낡아빠진 문장이나 요사스러운 노래와 춤 따위를 쓸어 없애고, 본래 갖추어져 있는 참 문장과 참 음악을 터득한다면 무궁한 참 배움이 있을 것이다.

[原文]
富貴名譽自道德來者 如山林中花 自是舒徐繁衍 自功業來者 如盆檻中花 便有遷徙廢興 若以權力得者 如瓶鉢中花 其根不植 其萎可立而待矣

[讀解]
부귀와 명예가 도덕을 따라 오는 것은 마치 산 숲 속의 꽃과 같아서 저절로 자라고 번식한다. 그러나 공업(功業)을 따라 오는 것은 마치 화분 속의 꽃과 같아서 옮겨지자마자 흥취가 없어지게 된다. 만일 권력으로 얻은 것이라면 병 속에 꽂힌 꽃과 같아서 그 뿌리가 박히

지 않아 꽃이 시들기를 서서 기다릴 수 있을 것이다.

講義

 부귀와 명예는 그 얻어진 원인에 따라서 그것을 누리는 시간이 각각 다르다. 도덕이 원인이 되어서 얻은 부귀와 명예는 마치 산 숲 속에 자연스럽게 나서 핀 꽃이 뿌리도 깊고 가지도 무성하여 점차로 번성해지는 것처럼 가장 오래 간다. 그러나 공업(功業)을 원인으로 해서 얻은 부귀와 명예는 마치 화분 속에 심은 꽃이 인공적인 배양의 변동에 따라서 살고 죽는 것과 같아서 오래 가지 못한다. 만일 일시의 권력이 원인이 되어 얻은 부귀와 명예라면, 마치 가지를 꺾어서 화병 속에 꽂은 꽃이 그 뿌리가 없기 때문에 금세 시드는 것과 같아서 가장 오래 가지 못한다.

原文

棲守道德者 寂寞一時 依阿權勢者 凄凉萬古 達人觀物外之物 思身後之身 寧受一時之寂寞 無取萬古之凄凉

讀解

 도덕적으로 살며 수절하는 자는 한때 적막하고, 권세에 붙어 아부하는 자는 영원히 쓸쓸하다. 통달한 사람은 세상 밖의 세상을 보고, 제 몸이 죽은 뒤에 제 몸을 생각하기 때문에, 차라리 일시의 적막을 받을지언정 만고의 쓸쓸함을 취하지 않는다.

講義

 한평생을 도덕 속에 살면서 지조를 굳게 지키는 자는, 혹 부귀와 명예를 도외시하고 소쿠리 밥과 바가지 물로 빈촌에 거처하면서 그래도 즐거워하거나 혹은 시세와 물정을 꺼리게 되어 불우하고 낙후하여 백 년의 신세를 곤궁 속에 보내기가 쉬우니, 이 한때의 적막함이 얼마나 심한가? 그러나 이러한 사람은 반드시 도덕이라는 꽃다운 이름을 후세에 전해서 만고의 영달(榮達)을 얻는 법이다.

그렇지 않고 만일, 남의 종처럼 아첨하여 권세 있는 사람에게 붙어서 구차하게 명리(名利)를 도모한다면, 비록 일시의 영달을 얻을지는 모르지만 후세 사람의 욕을 면치 못하여 마침내 만고에 쓸쓸한 사람이 될 것이다.

그러므로 통달한 사람은 유한한 형태의 이 세상 밖에 무궁하고 도덕적인 후세가 있음을 알며, 백 년 생활의 육체적인 몸 다음에 영겁 생활의 정신적인 몸이 있음을 생각한다. 그러므로 차라리 도덕을 지켜 일시의 적막함을 받을지언정, 권세에 아부하여 만고의 쓸쓸함을 취하지 말 것이다.

原文

春至時和 花尙鋪一段好色 鳥且囀幾句好音 士君子幸列頭角 復遇溫飽 不思立好言行好事 雖是在世百年 恰似未生一日

讀解

봄이 오고 시절이 화평하면 꽃도 오히려 한층 좋은 빛을 나타내고, 새도 몇 구절의 아름다운 소리를 재잘댄다. 사군자(士君子)가 다행히 두각을 나타내고 다시 따뜻하고 배부르게 되었어도 좋은 말을 하고 착한 일을 행할 것을 생각하지 않으면, 비록 이 세상에 백 년 동안을 산다 해도 흡사 하루도 살지 못한 것과 같다.

[講義]

봄철이 되어 일기가 화창하면 감정이 없는 꽃도 새로 피어 한층 아름다운 빛을 띠고, 지각 없는 새들도 날아와 몇 구절의 좋은 노래를 부른다. 이렇게 영특하지 못한 미물들까지도 시절을 만나면 제 기능을 움직이면서 사람의 이목을 기쁘게 해 주는 것이다.

만물의 영장인 사람들 중에서 조금 귀중한 자리를 점령한 사군자(士君子)가 다행히 두각을 나타내어 보통 사람의 위에 서게 되고, 겸하여 호의호식하면서도 세상에 모범이 될 만한 좋은 말이나 사표(師表)가 될 만한 선행을 하지 않는다면, 어찌 꽃이나 새들에게 부끄럽지 않으랴? 이러한 사람은 비록 백 년을 이 세상에 산다고 해도 하루도 살지 못한 것과 같다.

[原文]

眞廉無廉名　立名者正所以爲貪　大巧無巧術　用術者乃所以爲拙

[讀解]

참으로 청렴한 사람은 청렴하다는 이름이 없으니, 입신양명하는 자는 바로 탐함으로써 되는 것이다. 크게 교(巧)한 사람은 교술(巧術)이 없으니, 술(術)을 쓰는 자는 이것으로 졸(拙)이 되는 것이다.

[講義]

 진정 청렴한 사람은 청렴하다는 명예를 얻지 않는다. 청렴하다는 이름을 얻는다는 것은 명예를 탐하는 것이니 진짜 청렴한 것이 아니다. 또 지극히 교묘한 자는 교묘한 꾀를 쓰지 않는다. 법도에 맞는 꾀를 쓰는 자는 그 꾀에 의하지 않는다면 그 교묘한 것을 잃게 될 것이니 이는 졸하기 때문이다. 그러므로 '지극히 둥근 것은 모가 나지 않고, 지극히 모가 나면 자〔矩〕가 필요 없다'는 옛말이 있다.

[原文]

心體光明 暗室中有靑天 念頭暗昧 白日下有厲鬼

[讀解]

 심신이 훤하면 어두운 방 속에도 푸른 하늘이 있고, 생각이 어두우면 대낮에도 역귀가 날뛴다.

[講義]

 사람의 마음이 광명정대해서 털끝만큼의 거짓이 없으면 어두운 방 안에 있어도 맑은 하늘을 대하는 듯하고, 마음속이 어두워서 의심하고 두려워하면 훤한 대낮에도 어두운 굴 속에 들어가 못된 귀신을 만나는 듯하다. 불서(佛書)에 '마음이 천당을 만들고 마음이 지옥을 만든다'고 한 것은 이를 말한다.

[原文]

 爲惡而畏人知 惡中猶有善路 爲善而急人知 善處卽是惡根

[讀解]

악행을 행하면서도 남이 알까 두려워하는 것은 나쁘면서도 오히려 선행의 길이 있는 것이다. 선행을 하면서 남이 알아 주기를 서두르는 것은 선행이 곧 악의 근원이다.

[講義]

악행을 해도 이를 남이 알까 두려워하는 자는 악행이 옳지 못함을 알아서 부끄러운 마음을 가지는 것이니, 이는 고치기 쉬운 성품이라 악행 중에서도 일단의 개선의 길이 있는 것이다. 또 선행을 하면서 남이 모를까 걱정하여 서둘러서 이를 세상에 알리려는 것은 명리(名利)를 추구하는 사욕에서 나오는 것이니, 이는 곧 이욕(利欲)의 나쁜 근원이다.

[原文]

天之機緘不測 抑而伸 伸而抑 皆是播弄英雄 顚倒豪傑處 君子只是逆來順受 居安思危 天亦無所用其伎倆矣

[讀解]

하늘의 기밀은 헤아릴 수 없다. 굽히기도 하고 펴기도 하며, 펴기도 하고 굽히기도 한다. 이는 모두 영웅을 희롱하고 호걸을 거꾸러뜨리는 것이다. 군자는 역경에서도 순조롭게 받아들이고, 편안한 데에 거처해도 위태로움을 생각하니 하늘은 그 기량(伎倆)을 쓸 곳이 없다.

講義

하늘의 기밀이란, 곧 조물주가 인물에 대한 운명과 화복을 주기도 하고 뺏기도 하는 기관을 말한다. 그 운용이 교묘하고 황홀해서 사람의 지식으로는 이를 헤아릴 수 없다. 사람의 운명을 좌우하는 데에 있어, 혹 처음에는 굽혀 곤궁하게 하고 뒤에는 펴서 영달을 누리게 한다. 또 혹 처음에는 펴서 득의(得意)하게 만들고 혹은 굽혀 실패하게도 해서, 영웅의 일생을 희롱하여 반복시키고 호걸의 백 년을 쓰러뜨리기도 한다. 사상 정장(泗上亭長) 유방(劉邦)이 갑자기 뛰어서 한고조(漢高祖)가 되었고, 프랑스 황제 나폴레옹이 하루아침에 몰락해서 외딴 섬에 갇힌 몸이 되기도 했다. 그러니 굽히고 펴는 것의 헤아리기 어려움이 과연 지극하다 하겠다.

그러나 군자는 역경으로 닥치는 일을 순탄하게 받아들여 참고, 편안한 곳에 처해도 미리 위태로울 경우를 생각해서 득실과 진퇴를 적절하게 처리하여 희롱당하거나 거꾸러지지 않는다. 그래서 아무리 기밀을 헤아릴 수 없는 하늘로서도 어찌할 수가 없는 것이다.

영웅과 군자가 서로 다른 점을 말하자면, 영웅은 야심과 사욕이 있어 운명의 희롱을 입을 수 있지만, 군자는 야심과 사욕이 없고 공명정대해서 순역(順逆)에도 지장이 없고 억양(抑揚)을 마음대로 한다. 그러므로 군자의 도덕이 영웅의 권능보다 낫다는 것을 미루어 알 만하다.

原文

福不可徼 養喜神 以爲招福之本 禍不可避 去殺機 以爲

遠禍之方

[讀解]

복은 구할 수 없다. 좋은 정신을 양성함으로써 복을 부르는 근본으로 삼을 것이다. 화는 피할 수 없다. 남을 해칠 마음을 버림으로써 화를 멀리하는 방법으로 삼을 것이다.

[講義]

복을 부르는 착한 인연을 닦지 않고 한갓 행복의 결과를 억지로 구하려면 이는 얻을 수 없다. 오직 선량하고 훌륭한 정신을 수양해서 복을 부르는 기본으로 할 것이다. 또 화의 악인(惡因)을 만들고서 화의 과보(果報)를 요행히 면하려 하면 되지 않는다. 남을 독해하고 살상할 마음을 없애는 것만이 오직 화를 멀리하는 방법이다.

[原文]

天地之氣暖則生 寒則殺 故性氣淸冷者 受享亦涼薄 唯氣和心暖之人 其福亦厚 其澤亦長

[讀解]

천지의 기운이 따뜻하면 생물이 나고, 차면 죽는다. 그러므로 성기(性氣)가 청랭(淸冷)한 자는 그 받는 것이 또한 청랭하고, 오직 기운이 화락하고 마음이 따뜻한 사람은 그 복도 두텁고 그 혜택 역시 오래가는 법이다.

講義

천지의 기운이 덥고 따뜻하면 생물이 자라고, 차고 싸늘하면 생물이 쇠하여진다. 사람의 성품도 이와 같아서 너무 청랭하고 고결(枯潔)한 자는 물건을 구제하는 덕량(德量)이 없기 때문에, 그 반사되는 복을 누리는 것 또한 박약하다. 반대로 성품이 화창하고 심정이 온화한 사람은 물건을 관용하고 회유하는 자애심이 풍부하기 때문에 거기에서 받는 복도 두텁고 이에 파급되는 혜택도 장구하다.

原文

天理路上甚寬 稍遊心 胸中便覺廣大宏朗 人欲路上甚窄 纔寄跡 眼前俱是荊棘泥塗

讀解

천리(天理)의 길은 매우 너그러우니 조금 여기에 마음을 노닐게 하면 흉중이 곧장 넓고 명랑해짐을 깨달을 것이다. 인욕(人欲)의 길은 매우 좁아서 겨우 발을 붙이면 눈앞이 모두 가시밭이요 진흙이다.

講義

천리(天理)는 본연(本然)의 도리이다. 그 도리를 행하는 길은 아주 너그럽고 거리낌이 없어 거짓이나 막히는 폐단이 없다. 그러므로 마음을 이곳에 노닐게 하면 가슴 속이 확 트이고 시원하여 한 점의 티끌도 없게 된다. 이와 반대로 사람의 사욕은 그 길이 매우 좁고 비루하다. 그러므로 발을 여기에 붙이면 앞으로 나아가는 길이 궁하고 괴로워 가시덤불이나 진흙과 같다. 그러니 이러한 인욕을 막아 넓고 시원한 천리를 좇을 것이다.

[原文]

一苦一樂相磨練 練極而成福者 其福始久 一疑一信相參勘 勘極而成知者 其知始眞

[讀解]

한 번 괴롭고 한 번 즐거움이 서로 연마되어, 그 연마가 지극하여 복을 이루는 자는 그 복이 비로소 오래 간다. 또 한 번 의심하고 한 번 믿음이 서로 참작되어, 참작함이 극진해서 지혜를 이루는 자는 그 지혜가 비로소 참되는 것이다.

[講義]

갑자기 부자가 되거나 졸지에 복을 얻는 것은 오래가지 않는다. 괴롭고 즐거운 경지를 여러 번 겪어서 괴로움의 찌꺼기를 씻어 없애고, 행복의 뿌리를 깊이 심은 후에 성취한 복이야말로 영구히 누릴 수 있다. 또 사물에 대하여 범연하게 그저 피상적으로만 아는 것은 참 지식이 아니다. 한 번 의심하고 한 번 믿는 것이 참작되고 연구되어서 털끝만큼의 의혹도 없이 된 뒤에 성취한 지식이야말로 잘못이 없는 참다운 앎이다.

그러므로 안일하고 게으름에 저하니 분수 이익의 복이나 즐거움을 바라거나, 또 연구도 없고 수양도 없이 공연한 망상(妄想)으로 우연히 대각(大覺)을 얻으려는 자는 한갓 어리석을 뿐이다.

[原文]

地之穢者多生物 水之淸者常無魚 故君子當存含垢納污之量 不可持好潔獨行之操

[讀解]

땅이 더러운 곳에 생물이 많고, 물이 맑은 곳에는 항상 물고기가 없다. 그러므로 군자는 마땅히 치욕을 참고 아니꼬움을 받아들이는 도량을 가질 것이요, 깨끗한 것을 좋아하고 홀로 행하는 지조를 갖지 말아야 한다.

[講義]

더러운 땅에는 여러 가지 식물이 많이 나고, 깨끗한 물 속에는 물고기가 모여들지 않는다. 그러므로 군자는 마땅히 관후하고 인자해서 때묻고 더러운 사람도 포용하고, 흐리고 어두운 사람까지도 용납하는 도량을 가져서 백성들을 유익하게 하는 공을 이루어야 한다. 그렇지 않고 너무 고결하고 독자적으로 행동하는 절조를 가져서, 제 일신의 편파심을 쾌하게 여김은 옳지 못하다.

[原文]

人只一念貪私 便銷剛爲柔 塞智爲昏 變恩爲慘 染潔爲污 壞了一生一品 故古人以不貪爲寶 所以度越一世

[讀解]

사람이 단지 일념으로 사욕을 탐하면 문득 강(剛)한 것을 녹여 유(柔)하게 만들고, 지혜를 막아서 어둡게 만들고, 은혜를 변개시켜 원수로 만들고, 깨끗한 것을 물들여 더럽게 만들어 인생의 인품을 무너뜨린다. 그러므로 옛사람들은 탐하지 않는 것을 보배로 삼아서 한세상을 지냈던 것이다.

[講義]

사람이 일념으로 탐함에 젖어 사욕만을 채우려고 애쓰면, 그 탐욕심으로 인하여 기질의 변화가 생긴다. 그래서 굳센 기운이 녹아 유약한 성질이 되기도 하고, 밝은 지혜가 막혀서 어리석은 사람이 되기도 하며, 은혜로운 마음이 변하여 참혹한 마음이 되기도 하고, 청렴한 지조가 물들어서 더럽고 흐린 성질로 변하기도 한다. 그리하여 일생의 품격을 파괴시키고 만다.

그러므로 옛날의 철인(哲人)들은 금·은·옥·비단 따위를 보배로 여기지 않고 탐하지 않는 마음을 보배로 여겼다. 그리하여 이렇게 함으로써 한세상을 순탄하게 지낼 수 있었다.

[原文]

耳目見聞爲外賊 情欲意識爲內賊 只是主人公 惺惺不昧 獨坐中堂 賊便化爲家人矣

[讀解]

이목(耳目)의 견문은 외적이 되고 정욕의 의식(意識)은 내적(內賊)이 된다. 다만 주인공이 스스로 경계하여 깨달아 어둡지 않아서 홀로 중당(中堂)에 앉았으면 적이 문득 화하여 그 집 사람이 된다.

講義

귀는 소리를 듣고 눈은 빛을 본다. 귀와 눈의 속과 소리와 빛의 경계(境界)가 서로 현혹되어서 본성의 미덕을 잃는 법이다. 그러므로 귀와 눈으로 보고 듣는 것은 바깥의 도둑과 같다. 또 정욕의 의식(意識)은 여러 가지 망상을 일으켜서 세속에 물들고, 좋고 나쁜 것을 혼동하여 진심의 훤하게 밝음을 손상시킨다. 그러므로 이 정욕의 의식은 안에 있는 도둑과 같은 것이다.

그러므로 주인옹(主人翁)이 되는 본심을 경계하여 매달아서, 어둡지 않아 일신의 중앙에 엄연히 홀로 앉아서 외물의 견제를 받지 않고, 오로지 주동적인 명령만을 내린다면 안팎의 도둑들이 변화하여 오직 명령대로 따르는 한 집안 사람이 될 것이다.

原文

氣象要高曠 而不可疎狂 心思要愼細 而不可瑣屑
趣味要冲淡 而不可偏枯 操守要嚴明 而不可激烈

讀解

기상(氣象)은 높고 넓은 것을 요하지만, 거칠어 너무 소탈해서는 안 되고, 심사(心思)는 삼가고 치밀해야 하지만 자질구레해서는 안 된다. 취미는 조촐해야 하지만 지나치게 깨끗하거나 메말라서는 안 되고, 지조는 엄명(嚴明)해야 하지만 격렬해서는 안 된다.

講義

사람의 기상(氣象)은 고상하고 활달하여 시속(時俗)의 굴레에 구속되어서는 안 된다. 하지만 상도(常度)를 지나쳐서 거칠게 날뛰거나 제멋대로 굴어서는 안 된다. 또 마음은 근신하고 세밀하여 매사에 소홀히 하는 실수가 없어야 한다. 그러나 상도에 지나치게 너무 잘고 지저분한 것은 못 쓴다. 취미는 조촐하고 담박하여 정욕에 물들지 말아야 한다. 그러나 상도를 지나쳐서 너무 깨끗하거나 메말라서는 안 된다. 지조는 준엄하고 명백해야 한다. 그래서 절의(節義)에 조금도 흠이 없어야 하나 상도를 벗어나서 너무 격렬해서는 안 된다.

原文

風來疎竹 風過而竹不留聲 雁度寒潭 雁去而潭不留影 故君子事來而心始現 事去而心隨空

讀解

바람이 성긴 대밭에 불어도 바람이 지나가면 대나무에 소리가 머물러 있지 않는다. 기러기가 찬 못을 건너가도 기러기가 간 뒤에는 못에 그림자가 머물러 있지 않는다. 그러므로 군자는 일이 생기면 마음이 비로소 나타나고, 일이 없어지면 마음이 비어 있는 것이다.

講義

바람이 성긴 대밭에 불면 대나무에서 소리가 난다. 그러나 바람이 지나가 버리면 소리는 머물러 있지 않는다. 또 기러기가 찬 못으로 날아오면 그림자가 비친다. 그러나 기러기가 날아가

버리면 그림자는 머물러 있지 않는다. 군자의 마음 쓰는 것도 이와 같아서 사물이 내게로 오면 마음이 비로소 나타나 그 사물에 응하여 처리하지만, 사물이 지나가면 텅 비어서 아무런 집착도 머물러 있지 않아 모든 것이 자유자재로 응용된다.

[原文]

淸能有容 仁能善斷 明不傷察 直不過矯 是謂蜜餞不甛 海味不鹹 纔是懿德

[讀解]

맑으면서 능히 물건을 포용하며, 어질면서 능히 판단을 잘하며, 밝으면서 능히 지나치게 살피지 않으며, 곧으면서 능히 지나치게 바로잡지 않으면, 이것은 꿀이 달지 않고 바닷물이 짜지 않다고 말할지니 이야말로 아름다운 덕이다.

[講義]

깨끗한 자의 폐단은 물건을 포용하는 아량이 적기 쉬운데 깨끗하고서도 능히 포용하는 아량이 있고, 어질고 착한 자의 폐단은 일에 대하여 결단하는 용단이 부족한데 어질고도 능히 일을 잘 결단하며, 밝은 자의 폐단은 지나치게 자세히 살피기 쉬운데 밝고서도 지나치게 살피지 않으며, 강직한 자의 폐단은 바로잡기를 서둘러서 용의가 주도(周到)하지 못하기 쉬운데 강직하고서도 바로잡기를 서두르지 않는다면, 이는 꿀이 너무 달지 않고 바닷물이 짜지 않은 것과 같아서 이야말로 중도(中道)의 미덕인 것이다.

原文

貧家淨掃地 貧女淨梳頭 景色雖不艷麗 氣度自是風雅
士君子當窮愁寥落 奈何輒自廢弛哉

讀解

 가난한 집은 깨끗이 땅을 쓸고, 가난한 여자는 깨끗이 머리를 빗는다. 그러면 그 경색(景色)이 비록 예쁘고 곱지는 못해도 기상은 실로 고상하고 조촐하다. 그러니 사군자(士君子)가 궁하고 근심스러운 일을 당한들 어찌 스스로 피폐하고 해이하랴?

講義

 빈한한 가정이라도 깨끗이 마당에 물을 뿌려 쓸고, 빈궁한 여자라도 단정하고 말끔하게 머리를 빗으면 그 빈궁한 꼴이 비록 곱고 윤택하고 화려하지는 못하나 그 조촐한 기상은 풍치스럽고 아담할 것이다. 군자가 불행히 한때 비운(否運)에 빠져 궁하고 적막한 지경을 당하더라도, 어찌 피폐하고 해이되어 몸을 닦아 절개를 지킴과 일 처리하는 상도(常度)를 잃으랴? 비록 궁하고 적막함에 처한 사람일지라도 힘써 스스로 새롭게 하면, 그 움직임이 활발하고 재빠르지는 못하나마 그 금도(襟度)가 어찌 소탈하고 꿋꿋하지 않으랴?

 가난한 집안도 오히려 땅을 깨끗이 쓸고, 가난한 여인도 오히려 머리를 말끔히 빗거늘, 어찌 큰 사업을 경륜하는 대장부가 한때의 실패를 못 견디어 스스로 피폐되고 해이하랴?

原文

閒中不放過 忙中有受用 靜中不落空 動中有受用 暗中不欺隱 明中有受用

讀解

한가할 때에 어정어정 보내지 않으면 바쁠 때에 받아들여 쓸 수 있고, 고요할 때에 생각없이 지나지 않으면 움직일 때에 받아들여 쓸 수 있고, 어두울 때에 속이지 않으면 밝을 때에 받아들여 쓸 수 있는 것이다.

講義

한가하고 일 없을 때에 시간을 허송하지 말고 미리 여러 가지 준비를 정돈해서 여유 있는 계획을 세우면, 틈이 없이 바쁠 때를 당해서도 번잡하지 않고 요란스럽지 않게 된다. 고요할 때에 마른 나무나 식은 재처럼 아무런 생각도 없이 보내지 말고 뚜렷한 활기를 띠고 있으면, 시끄럽게 움직이는 가운데에서도 조용하고 담박하게 지낼 수 있다.

또 어둡고 캄캄한 중에서도 심사를 공평정대하게 가져서 털끝만큼도 속이고 숨김이 없으면, 대낮이나 시장거리에 있어서도 어느 누구에게 부끄럼 없이 양양자득하게 지낼 수 있다.

原文

念頭起處 纔覺向欲路上去 便挽從理路上來 一起便覺 一覺便轉 此是轉禍爲福 起死回生的關頭 切莫輕易放過

讀解

생각이 일어나는 곳에 겨우 욕망의 길 위로 행해서

가는 것을 깨닫거든 곧바로 돌이켜서 도리의 길 위로 좇아오도록 하여, 생각이 한 번 일어나면 바로 깨달아지고 한 번 깨달으면 곧장 실천할 것이다. 이것이 화가 변하여 복이 되게 하고, 죽을 자를 일으켜서 살아나도록 하는 열쇠이니, 절대로 경솔하게 함부로 지나치지 말 것이다.

[講義]

어떤 생각의 시초에 맹렬하게 성찰해서, 이 생각이 사욕의 길을 향하여 간다는 것을 깨달았을 때에는 바로 마음을 돌이켜 도리의 길로 오도록 해서, 사욕의 마음이 한 번 일어나면 이것을 즉시 깨닫고, 한 번 깨달으면 즉시 이것을 돌려야 한다.

이렇게 하면 사욕의 화를 변화시켜 도리의 복으로 삼음으로써 죽음을 일으켜 살아나는 결과를 만드는 기관(機關)이 될 것이다. 그러니 생각의 시초를 절대로 가볍게 함부로 지나쳐 보내지 말 것이다.

[原文]

天薄我以福 吾厚吾德以迓之 天勞我以形 吾逸吾心以補之 天阨我以遇 吾亨吾道以通之 天且奈我何哉

[讀解]

하늘이 나를 복으로 박하게 하거든 나는 나의 덕을 두텁게 하여 맞을 것이다. 하늘이 나를 노역(勞役)으로 수고롭게 하거든 나는 나의 마음을 편안케 함으로써 보충할 것이다. 하늘이 나를 액(阨)으로 맞거든 나는 나의 도를 누려서 통하면, 하늘이 또 나에게 어떻게 하겠는가?

[講義]

하늘이 나의 복분(福分)을 박하게 하거든 나는 나의 착한 덕을 많이 길러서 새로운 복을 맞을 것이다. 또 하늘이 나의 육체를 노역으로 괴롭히거든 나는 심사를 안일하게 해서 육체의 노고를 보충한다. 하늘이 나에게 액운을 주거든 스스로의 도덕을 통달하게 해서 액운을 열어 자연적인 운명을 순하게 받는 동시에 인위적인 자조(自助)를 신장(伸張)하면, 비록 하늘의 기밀이라 할지라도 나의 자조에야 어찌하겠는가?

[原文]

聲妓晚景從良 一世之烟花無碍 貞婦白頭失守 半生之淸苦俱非 語云看人 只看後半截 眞名言也

[讀解]

노래하는 기생도 늘그막에 남편을 좇으면 한세상의 놀아났던 장애가 없어지고, 정부(貞婦)도 늙어서 정조를 잃으면 반생의 깨끗했던 청고(淸苦)를 모두 그르친다. 옛말에 '사람을 보는 데에는 후반생만을 본다' 했으니 참으로 명언이다.

[講義]

노래와 춤으로 방탕하게 놀던 창기라도 만년에 남편을 따라서 어진 부인으로서의 몸가짐을 지키면, 한세상의 음란하던 생애도 이미 규문(閨門) 안의 정조로 변하여 아무런 구애도 없어진다. 또 젊었을 때에 정렬(貞烈)과 덕행을 보존하던 부인이라도 늘그막에 가서 품행을 잃으면 전반생의 깨끗하던 절개가 하루아침에 수포로 돌아간다.

그러니 사람은 한갓 초년의 경력만을 돌아다보지 말고 말년의 새로운 행실을 도모할 것이다. 옛말에 '사람을 보는 데에는 후반생의 일만을 본다'고 한 것은 참으로 명언이라 하겠다.

原文

平民肯種德施惠 便是無位的卿相
士夫徒貪權市寵 竟成有爵的乞人

讀解

평민이 즐겨 덕을 널리 펴고 은혜를 베풀면 이것이 바로 지위 없는 재상이며, 사대부가 한갓 권리를 탐하고 총애를 받으려고만 애쓰면 마침내 벼슬을 가진 거지가 될 것이다.

講義

평민은 벼슬이 없는 사람이며, 은덕을 펴고 혜택을 베푸는 것은 공경재상의 책임이다. 그런데 벼슬이 없는 평민의 자격으로 능히 재상의 사업을 행해서 덕을 펴고 은혜를 베풀면 이는 벼슬이 없는 재상이라 하겠다.

이와 반대로 벼슬자리에 있는 사대부가 덕을 펴고 은혜를 베풀기는커녕 한갓 권리를 탐내고, 남의 은총만을 받으려 하여 사욕을 채우기에 급급한다면, 이는 마침내 벼슬이 있는 거지가 될 것이다.

原文

君子而詐善 無異小人之肆惡 君子而改節 不若小人之自新

讀解

군자가 착한 일을 속여서 하는 것은 소인이 악한 일을 제멋대로 하는 것과 다를 것이 없다. 군자가 지조를 고치는 것은 소인이 스스로 새로운 일을 하는 것만 같지 못하다.

講義

상당한 학식이 있고 덕행이 있다고 하는 군자가 속으로는 명리(名利)를 도모하기 위하여 겉으로만 위선을 행하는 것은 제 마음으로 남을 속이는 심리상의 죄과다. 이는 배우지 않아서 무식하고 완고한 데에 가까운 소인이 악행을 제 맘대로 저지르는 행위상의 죄과와 다를 것이 없다.

또 품행을 닦는 군자가 갑자기 그 지조가 변하여 더러운 곳에 타락하면, 몰염치하고 부도덕한 소인이 제 잘못을 뉘우쳐 스스로 새로워지는 것만 못한 것이다.

原文

家人有過 不宜暴揚 不宜輕棄 此事難言 借他事而隱諷之 今日不悟 俟來日 正警之 如春風之 解凍 和氣之消氷 纔是家庭的型範

讀解

가족이 과오가 있으면 마땅히 이것을 너무 드러내지

말고, 마땅히 가볍게 내버려 두지도 말 것이다. 이 일을 말하기가 어렵거든 딴 일을 빌려 은유할 것이며, 오늘 깨닫지 못하거든 내일을 기다려서 바로 깨우쳐야 한다. 그리하여 봄바람이 언 땅을 풀고 화창한 기운이 얼음을 녹이듯이 하면, 이것이 바로 가정의 모범인 것이다.

[講義]

한집에 같이 사는 사람이 과실이 있을 때에 그 허물을 지나치게 드러내면 도리어 그 사람의 악감을 사서 은의(恩義)를 손상시키기 쉽다. 또 이를 내버려 두고 모른 체하면 그칠 도리가 없는 것이니, 너무 드러내는 것과 내버려 두는 것은 모두 잘못이다.

그의 허물을 바로 말하기가 어려우면 그와 비슷한 다른 일에 비유해서 모르는 사이에 깨우쳐 줄 것이다. 또 오늘 깨닫지 못하면 내일을 기다려서 바르게 깨우쳐 주어 점차로 그 허물을 없애 줄 것이다. 그리하여 봄바람이 언 땅을 풀고 화창한 기운이 얼음을 녹이듯이 하여 자연히 융화되게 하면, 이것이 바로 가정을 다스리는 모범이 될 것이다.

[原文]

此心常看得圓滿 天下自無缺陷之世界 此心常放得寬平 天下自無險側之人情

[讀解]

이 마음이 항상 원만하게 되면 천하가 스스로 결함의 세계가 없고, 이 마음이 항상 너그럽고 화평하게 되면 천하에 스스로 험악한 인정이 없을 것이다.

[講義]

한대(寒帶)의 얼음 바다와 열대의 뜨거운 지방을 범인이 보면 싫증이 나겠지만, 탐험가의 눈으로 보면 그 가치가 나게 마련이다. 또 기이하고 험한 봉우리와 꼬불꼬불한 시내를 여행하는 사람이 볼 때에는 괴로움을 느끼겠지만 지리학자의 눈으로 보면 흥미를 느낄 것이다.

그러므로 좋고 나쁜 것은 사람의 취미에 따라서 자기 마음의 분별로써 정해지는 것이다. 마음이 항상 원만하면 세계도 또한 마음의 원만을 따라서 결함이 없을 것이고, 또 마음을 열어서 너그럽고 화평하여 선악을 막론하고 모두 포용하고 융화한다면, 천하에 야박한 인정이 절대로 없을 것이다. 불서(佛書)에 '삼계유심(三界惟心)'이 바로 이것이다.

[原文]

淡泊之士 必爲濃艶者所疑 儉飾之人 多爲放肆者所忌 君子處此 固不可小變其操履 亦不可太 露其鋒鋩

[讀解]

담박(淡泊)한 선비는 반드시 농염(濃艶)한 사람의 의심을 받고, 검소한 사람은 사치한 사람의 시기를 받는다. 군자가 여기에 처하여 조금도 그 지조를 변치 말 것이며, 또 너무 그 예봉(銳鋒)을 드러내지 말 것이다.

[講義]

담박하고 고결한 선비는 호화롭고 화려한 사람에게 미움을 받고, 검소하고 절약하는 사람은 방종하고 사치하는 사람의 시기를 받는다. 담박하고 검소한 선비가 만일 이같은 시기나 미움을 받는 경우에 처했을 때에 남의 시기 때문에 자기의 지조가 변하여도 안 되고, 또 그 행동의 예봉(銳鋒)을 지나치게 드러내어 시기하는 자의 감정을 충동시킴으로써 화를 초래해서도 못 쓴다.

原文

居逆境中 周身皆鍼砭藥石 砥節礪行而不覺 處順境內 滿前盡兵刃戈矛 銷膏靡骨而不知

讀解

역경 속에 처하면 자신의 주위가 모두 침폄(鍼砭)·약석(藥石)이어서 절조를 갈고 행동을 닦아도 깨닫지 못한다. 순경(順境) 속에 처하면 앞에 가득 찬 것이 모두 칼날이고 창끝이어서, 기름이 마르고 뼈가 없어져도 알지 못한다.

講義

자기 마음대로 되지 않는 역경 속에 처하면, 자신의 주위에 접촉되는 사물이 하나같이 모두 병을 치료하는 쇠침·돌침·약물·뜸질과 같다. 이것들은 절개를 연마하고 행실을 닦아 준다. 왜냐 하면 마음을 거스르는 역경 속의 일은 모두 나의 인내력을 더하게 하여 깨닫지 못하는 사이에 자연히 절의(節義)와 품행을 바로잡아 주게 된다.

이와 반대로 일마다 마음대로 되는 순경(順境) 속에 있어서는 눈앞에 가득한 사물이 모두 사람을 상하는 칼이나 창과 같아서 기름을 말리고 뼈를 없앤다. 왜냐 하면 마음을 유쾌히 하는 순경 속의 일은 모두 내게 교만하고 게으른 버릇을 길러 주어 부지중에 고결한 정수(精髓)와 쇄락한 골격을 없애 버린다.

그러므로 동서 고금에 위대한 절개와 큰 의리는 대개가 천신만고의 역경 속에서 생기는 법이고, 못나고 어두운 군주는 항상 자기 맘대로 되는 순경 속에서 나오는 것이다. 그렇다면 사람들이 마음대로 되는 순경만을 좋아하고, 마음을 거스르는 역경을 싫어함은 어리석은 생각이 아닐까?

[原文]

生長富貴叢中的 嗜欲如猛火 權勢似烈燄 若不帶些淸冷氣味 其炎燄 不至焚人 必將自焚

[讀解]

부귀한 가운데에서 생장한 사람은 기호(嗜好)의 욕심이 맹렬한 불과 같고, 권세는 타오르는 불꽃과 같다. 그러니 조금이라도 청랭(淸冷)한 기미(氣味)를 띠지 않으면 그 불꽃이 남을 태우지 않으면 반드시 스스로를 태워 버릴 것이다.

[講義]

여러 대(代)로 부귀한 집에서 자라난 사람은 그 기호의 욕망에 만족이 없어서 그것이 맹렬한 불꽃과 같고, 그 권세가 남의 제재를 받지 않고 분수 외에 방자해서 마치 사나운 불길이 번져 나가듯 한다. 그러므로 여기에 조금이라도 청랭(淸冷)한 기운을 띠지 않는다면, 그 욕망과 권세의 불꽃이 남을 태워 죽이거나 그렇지 않으면 반드시 제 자신을 태워 죽이게 된다.

原文

人心一眞 便霜可飛 城可隕 金石可貫 若僞妄之人 形骸徒具 眞宰已亡 對人 則面目可憎 獨居 則形影自愧

讀解

사람의 마음이 한결같이 참다우면 갑자기 서리를 내릴 수 있고, 성을 무너뜨리며 쇠와 돌이라도 넉넉히 뚫을 것이다. 만일 허황한 사람이 형해(形骸)만을 갖추고 진재(眞宰)가 없이 사람을 대하면 곧 얼굴이 가증스럽고, 혼자 있으면 그림자가 스스로 부끄러울 것이다.

講義

사람의 마음이 한결같이 진실하면 능히 조물주의 기능도 변경시켜서 5월 더위에 서리를 내리게 할 수도 있고, 견고한 성곽을 무너뜨릴 수 있으며, 단단한 쇠와 돌을 뚫을 수도 있다. 정성이 한곳에 이르면 무엇인들 없애지 못하며 무엇인들 이루지 못하랴? 만일 허황한 사람이 그 육체는 갖추었으나 진실의 주재(主宰)가 없으면, 이는 혼만 떠나지 않았을 뿐 죽은 사람과 같은 것이다. 남과 상대하면 그 얼굴이 밉상스럽고, 혼자 있으면 그림자가 스스로 부끄러워진다.

≪장자(莊子)≫에 이르기를 '가장 슬픈 것은 마음이 죽는 것이요 몸이 죽는 것은 그 다음이다'고 했으니, 고금을 통해서 이러한 두 사람의 마음이 서로 같은 점이 있다 하겠다.

原文

文章做到極處 無有他奇 只是恰好 人品做到極處 無有他異 只是本然

讀解

문장을 만들어 지극한 곳에 도달하면 특별히 기이함이 없어 참으로 훌륭하다. 인품을 이루는 데에 지극한 경지에 도달하면 특이한 점 없이 본연(本然)일 뿐이다.

講義

문장의 저작이 익숙해서 지선(至善)의 극도에 도달하면, 별로 기묘한 특색이 있는 것이 아니라 이 글의 이상(理想)이 적당하고 또 자구(字句)가 순조로워서 좋을 뿐이다. 또 사람의 품격 수양이 극도에 달하면, 특이한 점이 있는 것이 아니라 본연의 도리로 돌아갈 뿐이다.

原文

以幻跡言 無論功名富貴 卽肢體亦屬委形 以眞境言 無論父母兄弟 卽萬物皆吾一體 人能看得破 認得眞 纔可任天下之負擔 亦可脫世間之韁鎖

讀解

환상을 가지고 말하면 공명(功名)과 부귀는 말할 것 없고, 육체도 천부(天賦)에 속한다. 진경(眞境)으로써 말한다면 부모·형제는 물론이고, 이 세상 만물도 모두 나와 일체이다. 사람이 능히 이를 알고 참다움을 얻는다면 천하의 책임을 맡길 수 있으며, 또한 세상의 쇠사슬에서 벗어날 수 있다.

[講義]

꿈이나 환상 같은 허망함으로 말하자면 뜬구름처럼 기멸(起滅)이 무상한 공명과 부귀는 알기 쉬운 환상의 흔적이니 말할 것도 없다. 그러나 나의 육체도 맡겨진 가형(假形)이니 육체도 금세 생겼다가 금세 사라져서, 생전에는 노소의 차이가 생기고 죽어서는 아주 없어져서 흙으로 화하기 때문이다.

진경(眞境)의 본체로 말하면 같은 피를 받은 부모·형제는 천륜의 일체여서 말할 것 없으나, 삼라만상이 모두 똑같은 진체(眞體)인 것이다. 불경(佛經)에는 '중생의 국토가 모두 불성(佛性)이다'했고, 또 장횡거(張橫渠)가 '백성은 나의 동포요 물건도 나와 같다'고 한 것은 모두 상통되는 말들이다.

천지 만물을 가상(假相)으로 본다면 천차만별의 환상의 흔적이지만, 진리로 본다면 똑같이 평등한 체성을 가지고 있다. 사람이 이 같은 도리를 보아 알고 참으로 깨달아서, 위대한 심력으로 생사의 욕망을 포기할 수 있다면, 비로소 천하의 큰일을 부담할 수 있을 것이요, 또 평등한 달관(達觀)으로써 미워하고 사랑하는 생각을 깨친다면, 비로소 세상의 모든 구속에서 벗어날 수 있을 것이다.

[原文]

天地有萬古 此身不再得 人生只百年 此日最易過 幸生其間者 不可不知有生之樂 亦不可不 懷虛生之憂

[讀解]

 천지에는 만고(萬古)가 있지만, 이 몸은 두 번 태어나지 못한다. 인생은 다만 백 년뿐이지만 오늘은 가장 지나가기가 쉽다. 다행히 그 사이에 태어난 자는 그 즐거움을 알아야 할 것이며, 또한 헛되이 살아 있다는 근심을 품지 않으면 안 된다.

[講義]

 천지 사이에는 영원한 만고의 시간이 있으나, 이 몸은 한 번 죽으면 다시 살아나지 못한다. 사람이 우주 사이에 생활하는 기한은 대개 백 년의 짧은 기간에 불과하다. 하지만 유수와 같은 오늘의 시간은 달리는 말처럼 쉽게 지나간다. 이렇게 얻기 어려운 백 년 사이에 생활하는 자는 태어난 즐거움을 알아야 한다. 또 석존(釋尊)과 같이 생사를 타파해서 영겁의 생활을 도모하기에 노력하여야 한다. 좋은 일과 큰 사업을 이루어서 행적을 영원히 남기지 못하고, 취생몽사하는 기계적인 생활을 해 나간다면 생전이 사후와 같을 것이다. 그러므로 일생을 헛되이 지나쳐 버리는 근심을 품지 않을 수 없다.

[原文]

老來疾病 都是少時招得 衰時罪業 都是盛時作得 故持盈履滿 君子尤兢兢焉

[讀解]

 늘그막의 질병은 모두 젊었을 때에 얻은 것이요, 쇠했을 때의 죄업은 모두가 성했을 때에 지은 것이다. 그러므로 가득 찬 것을 유지하고, 만족한 것을 계속하려면 군자가 더욱 조심해야 한다.

[講義]

늘그막에 병에 걸리는 것은 젊었을 때에 여러 가지로 위생을 해친 관계로 불러오는 것이요, 형세가 쇠한 때에 죄업을 받는 것은 형세가 성했을 때에 지나치게 위세를 부려서 화인(禍因)을 만들었기 때문이다.

그러므로 혈기가 왕성할 때를 잘 보존하고, 또 세력이 강성할 때를 잘 지켜 나감에 있어서, 군자는 항상 삼가고 조심하여 늘그막의 질병과 쇠했을 때의 죄업을 면해야 한다.

[原文]

公平正論 不可犯手 一犯手 則貽羞萬世 權門私竇 不可着脚 一着脚 則玷汚終身

[讀解]

공평한 정론(正論)에는 손을 범해서는 안 된다. 한 번 손을 범하면 곧 부끄러움을 만세에 남기게 된다. 또 권문(權門)·사두(私竇)에 발을 붙여서는 안 된다. 한 번 발을 붙이면 몸이 마치도록 더러움을 받는다.

[講義]

공평무사한 바른 이론에는 사사로운 편견으로 손을 대어서 이를 어기지 못한다. 한 번 손을 범하면 부끄러움을 만대에 남겨 전하게 된다. 또 권세 있는 집이나 사리(私利)를 취하는 마을에는 발을 붙여 들어가지 말아야 한다. 한 번 발을 붙이면 몸이 마치도록 그 더러움을 씻지 못하게 된다.

그러므로 올바른 이론(理論)을 무시하고 권세 있는 집에 아첨하여 사사로운 이익을 도모하는 가련(可憐)한 천장부(賤丈夫)는 만대의 수치와 죽을 때까지의 더러움을 어찌 두려워하지 않겠는가?

[原文]

曲意而使人喜 不若直節而使人忌 無善而致人譽 不如無惡而致人毀

[讀解]

뜻을 굽혀 남으로 하여금 기쁘게 하는 것은 지조를 곧게 해서 남으로 하여금 꺼리게 하는 것만 못하다. 착한 일을 한 것 없이 칭찬을 듣는 것은, 나쁜 짓을 한 일 없이 남의 비방을 받는 것만 못하다.

[講義]

남을 기쁘게 하는 것은 흉한 일이 아니다. 그러나 자기의 의사를 굽혀서 남을 기쁘게 하는 것은 옳지 못하다. 남으로 하여금 나를 꺼리게 하는 것은 좋은 일이 아니다. 그러나 자기의 소행이 정직한데도 남이 까닭 없이 나를 꺼리면 이는 저쪽에 과실이 있는 것이다. 그러므로 나의 뜻을 굽혀 남을 기쁘게 하는 것은 나의 지조를 곧게 해서 남의 꺼림을 받는 것만 못하다.

또 남의 칭찬을 받는 것이 나쁜 일은 아니다. 그러나 좋은 일을 실천하지 않고서 남의 헛칭찬을 받는 것은 온당치 못하다. 남의 비방을 듣는 것은 좋은 일이 아니다. 하지만 실지로 나쁜 일을 하지 않고서 남에게 그릇된 비방을 듣는 것은 그 잘못이 비방하는 사람에게 있다. 그러므로 좋은 덕행이 없이 남에게 헛칭찬을 받는 것은 차라리 잘못 없이 남의 비방을 받는 것만 못하다.

原文

處父兄骨肉之變 宜從容 不宜激烈 遇朋友交遊之失 宜剴切 不宜優遊

讀解

부형 등 골육의 변고(變故)에 임해서는 마땅히 조용히 해야 하고 격렬(激烈)하게 못할 것이다. 또 벗과 사귀는 일을 당해서는 마땅히 아주 적절히 할 것이요, 우물쭈물 넘기지 않아야 한다.

講義

부형 등 골육은 천륜의 가장 가까운 사이므로, 비상한 변고를 당하면 그 마음에 느껴지는 것이 자연히 급박할 것이다. 그러나 다시 세 번 생각하여 이것을 조용히 처리할 것이다. 지나치게 격렬하게 되면 기약하지 못한 과실과 잘못 판단한 후회가 생길 것이다.

또 친구간의 사귐에는 자기에게 손해되는 것을 버리고 유익한 사람을 취할 것이니, 이것은 한 번 정해진 골육 사이와는 다르다. 붕우의 잘못을 보거든 그 과실이 적으면 즉시 이것을 충고해서 고치도록 권하고, 과실이 커서 부도덕한 큰 잘못이 있으면 즉시에 교의(交誼)를 끊는 것도 좋다. 이렇게 그 과실에 대한 처치는 분명하게 하고, 그대로 넘겨 버리지 말 것이다. 만일 그대로 넘겨 버리면 그 과오에 연루되기 쉽다.

原文

小處不滲漏 暗中不欺隱 末路不怠荒 纔是眞正英雄

讀解

작은 처리에 빠뜨리지 말고 모르는 사이에 속이지 말며, 끝장에 가서 게으르지 않으면 곧 진정한 영웅이다.

講義

 영웅은 그 종류가 매우 많아서 서로 장점도 있고 단점도 있다. 그러나 그 심사의 소탈함과 처사의 임기응변과 쾌락의 정욕은 대개가 같다. 소탈한 사람의 폐단은 사소한 일에 소홀히 하기 쉽고, 임기응변이 있는 사람의 폐단은 공을 이룬 뒤에 안일하고 게을러지기 쉽다.

 그러므로 조그만 일에도 살얼음을 밟듯이 조심해서 소홀함 없게 하고, 남 모르는 사이에도 빈객을 대하듯이 공경하여 숨기지 말며, 끝장에 가서도 애초의 마음 자세처럼 근면하고 게으르지 않으면 이것이 바로 완전무결한 영웅이다.

原文

驚奇喜異者 終無遠大之識 苦節獨行者 要有恒久之操

讀解

기이한 것에 놀라고 이상한 것을 좋아하는 자는 마침내 원대한 지식이 없다. 어려운 환경에서도 꿋꿋한 절개로 독자적으로 행동하는 자는 항구한 지조가 있기를 요한다.

講義

 기괴하고 이상한 일은 경박하고 못난 사람의 일시적 이목을 놀라게 할 뿐이다. 그러므로 기이한 일을 좋아하는 자는 그 의지와 기개가 박약하여 다만 눈앞의 일에 쫓겨서 변하고, 확고하고 원대한 지식이 없다. 그러나 청고(淸苦)한 절의와 고독한 지조는 그 실행이 각고(刻苦)하고 정경이 참담해서 영구히 보유하기 어렵기 때문에 이러한 자는 때로 온화하고 고요한 생각을 가져 그 지조를 오래도록 보존해야 할 것이다.

原文

當怒火慾水正勝沸時 明明知得 又明明犯著 知得是誰 犯著又是誰 此處能猛然轉念 邪魔便爲眞君矣

讀解

 노화(怒火)와 욕수(慾水)가 정히 끓어오를 때를 당해야 분명히 알고 또 분명히 실행하는 것이니, 아는 것은 누구며 실행하는 것은 누군가? 여기에서 맹성하여 생각을 돌리면 악마가 변하여 곧 주재자가 되는 것이다.

講義

 화염처럼 타오르는 노기(怒氣)와 물결처럼 힘찬 정욕이 끓어오를 때에는 이것이 노기와 정욕임을 분명히 알고, 또 이 노기와 정욕을 분명히 범하는 것이다. 그러면 이것을 아는 자는 누구며 이를 범하는 자는 누군가? 노기나 정욕, 그리고 아는 것과 범하는 것은 모두 다른 물건이 아니라 다만 일념(一念)의 망동(妄動)일 뿐이다.

그러므로 이것을 맹성히 깨달아서 망동하는 생각을 돌릴 수 있으면, 노기와 정욕의 간사한 마귀가 변해서 태연한 주재자가 될 것이니, '일념을 돌이키면 번뇌가 즉 보리(菩提)다'라고 한 옛말이 바로 이것이다.

原文

毋偏信而爲奸所欺 毋自任而爲氣所使 毋以己之長而形人之短 毋以己之拙而忌人之能

讀解

치우쳐 믿어서 간사한 마음에 속게 되지 말 것이며, 스스로 잘한다 하여 기(氣)의 노역(勞役)이 되지 말 것이다. 나의 장점으로써 남의 단점을 말하지 말고, 나의 졸한 것으로써 남의 능한 것을 꺼리지 말 것이다.

講義

남을 치우쳐 믿는 자는 간교한 자에게 속기 쉽고, 일을 잘한다고 자부하는 자는 객기(客氣)의 부림을 받기 쉽다. 나의 장점을 자랑하기 위하여 남의 단점을 표현하기 쉽고, 자기의 둔하고 졸한 점을 가리기 위하여 남의 재능을 시기하기 쉽다. 그러므로 사람은 마땅히 이러한 과오에서 멀리 떠나야 한다.

原文

人之短處 要曲爲彌縫 如暴而揚之 是以短攻短 人有頑的 要善爲化誨 如忿而嫉之 是以頑濟頑

[讀解]

 남의 단점은 곡진히 감싸 줘야 한다. 만일 이것을 드러내면 이야말로 단점으로써 단점을 치는 것이다. 남의 미련한 것은 잘 깨우쳐야 한다. 만일 이를 분하게 여겨 미워하면 이야말로 미련한 것으로써 미련한 것을 고치려는 것과 같다.

[講義]

 남의 단점은 곧 나의 단점이다. 그러니 남의 단점을 드러내면 나의 단점도 드러내는 셈이 된다. 또 남의 미련한 것은 곧 나의 미련한 것이다. 그러니 남의 미련한 것을 분하게 여겨 미워한다면, 또한 나의 미련함을 나타내는 셈이 된다.

 그러므로 남의 단점을 감싸 주면 이는 관용의 덕이지만, 이를 폭로하고 선전한다면 이야말로 나의 단점으로써 남의 단점을 공격함이 된다. 또 미련한 자를 깨우쳐 주면 이는 나의 겸손하고 참는 것이지만, 만일 성내고 미워한다면 이는 나의 미련한 것으로써 남의 미련함을 구제하려는 것과 같으니, 어찌 일을 바로잡을 수 있으랴?

[原文]

遇沈沈不語之士 且莫輸心 見悻悻自好之人 應須防口

[讀解]

 침묵하여 말하지 않는 선비를 만나서는 마음을 주지 말아야 한다. 발끈 성내며 스스로 잘난 체하는 사람을 보거든 모름지기 입을 막아야 한다.

[講義]

 침묵을 지켜서 자기의 심사를 토하지 않는 자를 만나면, 그 사람의 흉중에 어떠한 심술을 품고 있는지 모른다. 이런 사람에게 나의 심사를 경솔히 말하면, 혹 불측한 화가 생길까 두려우니 마음을 주지 말아야 한다. 발끈발끈 화를 잘 내고 저 스스로 잘난 체하여 남의 시비를 말하기 좋아하는 사람에게 내 진정을 토로하면 그 말을 남에게 누설해서 무슨 해가 생길지 모른다.

 그러므로 이런 사람에게는 입을 막고 속을 털어내어 말하지 말아야 한다. 인정의 험하기가 이러하므로 마음을 함부로 허락할 수 없는 것이다.

[原文]

念頭昏散處 要知提醒 念頭喫緊時 要知放下 不然 恐去昏昏之病 又來憧憧之擾矣

[讀解]

 생각이 혼미하고 산만할 때에는 깨달을 줄 알아야 하고, 마음이 긴장할 때에는 개방할 줄 알아야 한다. 그렇지 않으면 정신이 흐린 병은 없어져도 마음이 안정되지 않는 병통이 올까 걱정된다.

[講義]

 생각이 혼미하고 산만할 때에는 맹렬히 깨달음이 있어야 한다. 마음이 각박하고 긴장될 때에는 이를 개방하여 유쾌하게 해야 한다. 그렇지 않고 다만 깨우치기에만 급급하면 혼미한 병통은 없어질지 모르지만, 마음을 열어 주지 않으면 불안정하고 우울한 병이 생기는 법이다.

原文

霽日靑天 倏變爲迅雷震電 疾風怒雨 倏轉爲朗月晴空
氣機何嘗一毫凝滯 太虛何嘗一毫障蔽 人之心體 亦當如是

讀解

갠 날의 푸른 하늘도 금세 변하여 번개와 천둥이 되고, 모진 바람과 성낸 비도 변하여 밝은 달과 갠 하늘이 된다. 그러니 기상(氣象)의 기미는 어찌 조금이라도 응체(凝滯)하며, 우주는 어찌 잠시라도 막히겠는가? 사람의 심신도 마땅히 이와 같아야 한다.

講義

한 점 구름이 없는 갠 날의 푸른 하늘도 금세 변하여 빠른 번개와 무서운 천둥이 치는 수가 있다. 센 바람과 소나기도 금세 변하여 밝은 달빛과 맑고 깨끗한 하늘을 드러내어 움직이고, 쉬고 비오고 갬의 변환(變幻)하는 여러 가지 형상이 일정한 법칙이 없다. 그러니 천지 기상의 기미는 어찌 털끝만큼의 막힘이 있으며, 광막한 우주는 어찌 조금도 장애가 있으랴? 그저 그 기상의 변화에 맡겨 둘 뿐이다.

사람의 마음 바탕도 이와 같아서 털끝만큼의 막힘이나 가리움이 없으나 다만 정욕의 변동이 있을 뿐이다. 만일 여기에서 일어나는 천만 가지의 망상(妄想)을 없애면, 티끌 하나 움직이지 않는 마음 바탕이 나타날 것이다.

原文

橫逆困窮 是煆煉豪傑的一副爐錘 能受其煆煉者 則身心交益 不受其煆煉者 則心身交損

讀解

상리(常理)에 어그러진 곤궁은 호걸을 단련하는 하나의 도가니와 쇠망치다. 능히 그 단련을 받는 자는 곧 심신이 모두 유익하고, 그 단련을 받지 않는 자는 곧 심신이 모두 손상할 것이다.

講義

도가니와 쇠망치는 금이나 옥을 단련하고 갈고 다듬는 기계다. 상리에 어긋나는 곤궁은 호걸 같은 대인물을 단련하여 만드는 비유로 든 도가니와 쇠망치다. 금과 옥은 이의 단련을 받은 뒤에라야 정미(精美)한 보배가 되고, 호걸은 상리에 어긋나는 곤궁의 단련을 받아서 구사일생 속에 출입하며, 한 번 따뜻하고 열 번 추운 속을 오르내린 뒤에라야 위대한 공을 이루는 것이다.

그러므로 능히 그 단련을 받는 자는 몸과 마음이 모두 유익하게 될 것이요, 그 단련을 받지 않고 한갓 안일하게 게으름만 피우면 심신이 다 함께 손해를 입는다. 세상에 나서 고난을 호랑이처럼 무서워하고, 안일을 엿처럼 탐내는 구구한 아녀자 같은 소장부들은 반성할지어다.

原文

害人之心不可有 防人之心不可無 此戒疎於盧者 寧受

人之欺 毋逆人之詐 此警傷於察者 二語幷存 精明渾厚矣
[讀解]

남을 해치는 마음은 있어서 안 되지만, 남을 막는 마음은 없어서는 안 된다. 이는 마음의 허술함을 경계하는 것이다. 차라리 남에게 속을지언정 남의 감사함을 거슬러 막지는 말아야 하니, 이는 살핌이 없어짐을 깨우치는 것이다. 이 두 말이 병존하면 정명(精明)하고 혼후(渾厚)할 것이다.

[講義]

자기가 남을 해치는 마음을 가져서는 안 된다. 그러나 남이 나를 해치고자 하면 이를 막을 마음이 없어서는 안 된다. 이는 예비하는 생각의 엉성함을 경계함이다. 또 자기가 차라리 남에게 기만을 당할지언정, 남의 간사한 마음을 미리 살펴서 거슬러 막지는 말 것이다. 이는 과도하게 엄찰하여 자기의 후덕함을 손상할까 깨우치는 것이다.

이 두 가지 말이 나란히 존재하여 한 쪽으로 치우치는 폐단이 없으면, 모든 생각이 밝아지고 덕이 온후해질 것이다.

[原文]

毋因群疑而阻獨見 毋任己意而廢人言 毋私小惠而傷大體 毋借公論而快私情
[讀解]

여러 사람들의 의심으로 인해서 나 혼자의 의견을 막지 말고, 내 뜻에 맡겨서 남의 말을 폐하지 말라. 조그만 은혜 때문에 대체(大體)를 손상시키지 말고, 공론(公論)을 빌려다가 사정(私情)을 쾌하게 하지 말라.

[講義]

위인이나 철사(哲士)의 특이한 창의적인 의견은 왕왕 수많은 범인들의 의심을 받는다. 그러나 이러한 여러 사람들의 의심으로 인해서 독특한 참 의견을 막아서는 안 된다. 자신하는 확호한 의견이 있으면, 여러 사람들의 의심을 배척하고 용감히 실행할 것이다. 대발명가나 대혁명가는 모두 자기의 독자적인 의견을 결행한 결과가 아니었던가? 콜럼버스의 독자적인 의견은 천만인의 의심을 배격하고, 갖은 고생을 겪은 끝에 전에 없던 탐험을 행하여 미주(美洲)라는 황금 세계를 발견하지 않았던가?

그러나 자기 단독의 의견을 행하더라도 남의 의견을 참작해서 올바른 의견은 받아들이려고 애쓸 것이니, 자기의 의사에만 맡겨 남의 말을 절대로 폐기하는 태도는 옳지 못하다. 왜냐하면 영웅호걸의 웅장한 계획이 하루 아침에 실패하는 것도 왕왕 자기 의사에 일임하여 남의 말을 듣지 않는 데에서 생기는 수가 있으니, 어찌 삼가지 않으랴? 또 사소한 은혜를 베풂으로써 도의의 대체를 상하지 말 것이며, 여러 사람들의 공로를 빌어서 그것을 이용하여 자기의 사정(私情)을 쾌하게 하지 말 것이다.

[原文]

靑天白日的節義　自暗室屋漏中培來　旋乾轉坤的經綸 從臨深履薄中操出

[讀解]

청천 백일 같은 절의(節義)는 어두운 방 안에서부터 시작되는 것이요, 하늘을 돌리고 땅을 움직일 수 있는 경륜(經綸)은 깊은 물에 다다르고 얇은 얼음을 밟는 속에서부터 나오는 것이다.

[講義]

누(漏)라는 것은 방의 서북쪽 모퉁이니 곧 깊은 곳이다. 남이 보지 않는 어두운 곳에서는 옳지 못한 일을 행하다가 대낮에 여러 사람들이 모인 가운데서는 그 옳지 못한 행동을 음폐하고 그 잘한 것만 드러낸다면, 이는 일시적인 위선(僞善)으로서 좋은 결과를 맺지 못한다.

그러므로 청천백일과 같이 광명정대한 대의(大義)는 어두운 방 구석에서부터 생긴 결과이다. '군자는 반드시 혼자 있을 때를 삼간다'고 한 말과 '군자는 좁은 방 모퉁이를 부끄러워하지 않는다'고 한 말이 이것이다.

또 천지를 뒤흔드는 경륜은 반드시 호방(豪放)한 생각에서 나오는 것이 아니라 깊은 연못에 다다르고 얇은 얼음을 밟듯이 삼가는 데에서 나오는 것이다.

[原文]

父慈子孝兄友弟恭 縱做到極處 俱是合當如是 着不得一毫感激的念頭 如施者任德 要者懷恩 便是路人 便成市道矣

讀解

부자자효(父慈子孝)·형우제공(兄友弟恭)하는 것은 아무리 지극하다 해도 당연한 일이니, 털끝만큼의 감격적인 생각도 가질 수 없다. 만일 은혜를 베푸는 자가 덕이 있다고 생각하고 받는 자가 은혜를 느끼면, 이는 길 가는 사람이요, 저자 속의 도덕일 뿐이다.

講義

아비가 그 자식을 사랑하고 자식이 그 아비를 효도로 섬기며, 형이 아우를 사랑하고 아우가 그 형을 공경하는 것은 당연한 사람으로서의 분수 안의 일이다. 아무리 이러한 일을 행하여 극도로 잘한다 해도 모두 당연한 일로서 조금도 감격스러운 생각을 갖지 못할 것이다. 만일 사랑을 베푸는 부형이 특별한 은혜라도 베푼 것처럼 생각하고, 효도와 공경을 행하는 자식이나 아우가 분수 이외의 덕을 행한 것처럼 생각하여 은혜를 베푼 자가 덕을 주고, 이것을 받는 자가 은혜롭게 생각한다면 길 가는 사람이나 시장에 모인 장사꾼들의 하는 짓이지 어찌 부자·형제 간에 있는 윤리겠는가?

原文

炎涼之態 富貴更甚於貧賤 妬忌之心 骨肉尤狠於外人 此處若不當以冷腸 御以平氣 鮮不日坐 煩惱障中矣

讀解

염량(炎涼)의 태도는 부귀한 자가 빈천한 자보다 심하고, 질투하는 마음은 외인(外人)보다 골육이 더욱 강하다. 이에 만일 냉장(冷腸)으로 당면하고 평기(平氣)로 어거하지 않으면, 날마다 번뇌의 장애 속에 앉아 있지 않기가 어려울 것이다.

[講義]

덥고 서늘한 것은 시절의 변천이니, 덥고 서늘한 것처럼 변하는 인심은 부귀한 자가 오히려 빈천한 자보다 심하다. 또 골육간에 질투가 생기면 아무런 관계 없는 외인보다 더욱 강한데 이는 떳떳한 이치의 변화이다.

사람이 불행히 이러한 경우를 당하면 냉정한 심정과 평담한 도량으로 처리해야 할 것이니, 만일 그렇지 못하면 날마다 번뇌의 마귀 속에 걸리지 않을 때가 드물 것이다.

[原文]

功過不宜小混 混則人懷惰隳之心 恩仇不可太明 明則人起携貳之志

[讀解]

공과 허물은 마땅히 조금도 혼동함이 없어야 할지니, 이를 혼동하면 곧 사람이 게으른 마음을 갖게 된다. 또 은혜와 원수는 너무 분명히 따지지 말지니, 너무 분명하게 하면 사람이 두 가지 마음을 가지게 된다.

[講義]

공로와 허물은 혼동해서는 안 된다. 이것을 분명히 구별해서 공이 있는 자에게는 상을 주고 죄가 있는 자에게는 벌을 주어야 한다. 만일 이것을 혼동해서 공이 있어도 상을 주지 않으면 힘써 일하는 마음이 타락하고, 허물이 있어도 벌을 주지 않으면 기탄하는 생각이 해이해져서 게으른 마음이 생긴다.

은덕과 원수는 너무 지나치게 분명히 구별하지 말고 다 같이 화기 있고 인정이 두텁게 대우해 주어야 한다.

만일 은덕 있는 사람과 원수를 명백히 구별하여 나에게 원한이 있는 자에게 가혹하게 대하면, 나에 대한 숙원이 있는 자는 더욱 가혹한 대우를 받을까 두려워하여 두 마음을 품게 된다. 한고조(漢高祖)가 천하를 얻자 먼저 원수 중에 제일 미운 옹치(雍齒)를 높은 벼슬에 봉하여, 여러 신하들의 의구(疑懼)를 풀어 줌으로써 두 마음을 가지는 반역심을 막았다는 것은 이러한 도리를 깨달음이었다.

原文

惡忌陰 善忌陽 故惡之顯者禍淺 而隱者禍深 善之顯者功少 而隱者功大

讀解

악은 음(陰)을 꺼리고 선(善)은 양을 꺼린다. 그러므로 악이 나타난 자는 화가 얕고, 음폐된 자는 화가 깊다. 또 선(善)이 나타난 자는 공이 적고, 숨은 자는 공이 크다.

講義

나쁜 일은 몰래 숨기를 꺼리고, 착한 일은 밝게 나타나기를 꺼린다. 악한 일이 드러나면 법률의 제재나 또는 남의 충고로 인해서 고치기 쉽기 때문에 그 화가 별로 크지 않지만, 악한 일을 숨겨 두면 외물의 제재를 받지 않고 안으로 점점 자라서 마침내는 헤아릴 수 없는 죄악에 빠져 비상한 화를 당하므로 그 화가 크다는 것이다.

그러나 착한 일은 이와 반대여서 밖에 나타난 것은 그 공이 작고 숨겨진 것은 그 공이 크다. 예를 들면 백 번 싸워 백 번 모두 이기는 공보다 싸우지 않고 이기는 공이 더욱 큰 것이다.

原文

德者才之主 才者德之奴 有才無德 如家無主而奴用事矣 幾何不魍魎猖狂

讀解

덕이란 재주의 주인이요 재주란 덕의 종이다. 재주가 있고 덕이 없으면 집에 주인은 없고 종이 일을 제 맘대로 하는 것과 같으니, 어찌 도깨비가 들끓지 않겠는가?

講義

도덕과 재능을 비교해 말하면 덕은 마치 주인과 같고, 재주는 종과 같다. 그러므로 다만 재주만 있고 덕이 없으면 집에 주인은 없고 종들이 집일을 제 마음대로 해서 혼란을 일으키는 것과 같다. 그러니 어찌 도깨비처럼 어지럽지 않겠는가?

덕이 없는 사람이 재주를 믿고 일을 행하면 낭패가 많은 것이니 만천하의 재주 있는 사람들은 덕을 닦을지어다.

原文

士君子 貧不能濟物者 遇人痴迷處 出一言提醒之 遇人急難處 出一言解救之 亦是無量功德

читать 解

 사군자(士君子)로 가난하여서 물건을 구제할 수 없는 자가 남의 어리석음을 보고 한마디로 이것을 깨우쳐 주고, 급하고 어려운 일을 당한 남에게 한마디로 이것을 구원해 주면 이것 역시 무량의 공덕이다.

講義

 사군자(士君子)로 빈궁해서 돈이나 곡식으로 남을 구제하지 못하는 자가 어리석은 사람을 만난 곳에서 말 한마디로 그 어리석은 점을 깨우쳐 주고, 급하고 어려운 사람을 만나서는 한 마디로 그 어려운 것을 구제해 주면, 이것이 중생을 위해서 고생스러움을 없애 주고 즐거움을 주는 것이니 역시 무량한 공덕인 것이다.

原文

處己者 觸事 皆成藥石 尤人者 動念 卽是戈矛 一以闢衆善之路 一以濬諸惡之源 相去霄壤矣

讀解

 제 몸을 다스리는 자는 일을 당하면 모두 약석(藥石)이 된다. 남을 허물하는 자는 생각을 할 때마다 모두 창〔戈矛〕인 것이다. 하나는 여러 가지 착한 일을 열어 주고, 하나는 모든 악의 근원을 헤쳐 주니, 서로 떨어진 거리가 하늘과 땅이다.

[講義]

 무슨 일이든지 실패한 뒤에 그 실패한 과실의 원인을 찾아서 자기를 책하는 자는 무슨 일을 당하든지간에 병을 고치고, 몸을 수양하는 약석(藥石)처럼 과실을 없애며, 지덕(知德)을 기른다. 그러나 과실을 반성하지 않고 하늘을 원망하거나 남을 탓하는 자는 한 마음을 움직이면 모두 남을 해치는 창과 같이 된다. 앞의 한 가지 일은 뭇 착한 일의 길을 열어 주는 것이요, 뒤의 한 가지 일은 모든 악의 근원을 헤쳐 주는 것이다. 그러므로 한 마음의 차이가 하늘과 땅처럼 현격함을 이루니 가히 삼가지 않으랴?

[原文]

事業文章隨身消毁 而精神萬古如新 功名富貴逐世轉移 而氣節千載一日 君子信不當以彼易此也

[讀解]

 사업과 문장은 몸을 따라 소멸하되 정신은 만고에 새로운 것이다. 공명과 부귀는 세상을 따라 옮겨지되, 지조는 천 년을 가도 하루와 마찬가지다. 군자는 마땅히 저것으로써 이것을 바꾸지 아니하랴?

[講義]

 위대한 사업과 신묘한 문장이라도 몸이 죽으면 그 몸을 따라서 소멸된다. 그러나 성인이나 위인이 남긴 정신은 만고를 지나가도 없어지지 않고 더욱 새로워진다. 또 융성한 공명과 번영한 부귀라고 세상 운수를 따라서 옮아지되, 충신과 의사의 삼엄한 절의는 천년을 가도 변하지 않고 하루와 같다. 동서 고금에 그러한 일은 진리로 통하고 있다. 그러나 인간의 현실 욕망이 그것을 실천하지 못하고 있다.

그러므로 군자는 마땅히 저 사업·문장이나 공명·부귀로써 이 정신과 절의(節義)를 바꾸지 아니하랴?

[原文]

魚綱之設 鴻則罹其中 螳螂之貪 雀又乘其後 機裏藏機 變外生變 智巧何足恃哉

[讀解]

고기 그물을 만들면 기러기가 곧 거기에 걸리고, 버마재비가 벌레를 탐내면 참새가 또 그 뒤를 노린다. 그러므로 틀 속에 틀을 감추고, 변(變) 외에 변을 낳는 것이니, 지교(智巧)를 어찌 믿을 수 있으랴?

[講義]

고기 그물을 치는 것은 물고기를 잡는 틀이거늘 기러기가 그 속에 걸린다. 이것은 물고기를 잡는 틀 속에다 기러기를 잡는 틀을 감추어 둔 셈이 된다. 버마재비가 벌레를 잡아먹는 것은 벌레가 당하는 재난인데, 참새가 또 그 뒤를 노려 버마재비를 잡으려 한다. 이는 벌레의 재난 밖에 버마재비의 재난이 생기는 것이다.

이것이 바로 틀 속에 틀을 숨겨 두고, 변고 밖에 변고가 생김이다. 기러기와 버마재비가 비록 지혜가 있기는 하지만, 어찌 틀 속의 틀과 변고 밖의 변고를 벗어나랴?

사람의 일에 있어서의 임기응변(臨機應變)도 이와 같으니,

사람의 지혜는 족히 믿을 것이 못 된다.

[原文]

作人無一點眞懇的念頭 便成個花子 事事皆虛 涉世無一段圓活的機趣 便是個木人 處處有礙

[讀解]

인격을 형성하는 데에 한 점의 진실하고 간절한 생각이 없으면, 문득 한 개의 화자(花子)를 만들어 일마다 모두 헛된다. 세상을 살아감에 한 가닥의 원활한 기지(機智)가 없으면, 바로 한 개의 목인(木人)이어서 곳곳에서 막히게 된다.

[講義]

인격을 형성함에 있어서 한 점의 진실하고 간절한 생각이 없으면, 이것은 의식(意識)이 없는 한 개의 인형과 같아서 일마다 모두 허망하여 실지 효과가 없게 마련이다. 또 세상을 살아감에 있어서 한 가닥의 원만하고 활발한 기지가 없으면, 이는 한 개의 허수아비와 같아서 곳곳이 막힐 것이다. 그러니 훌륭한 인격을 만들고 세상을 잘 살아가려면 진실한 마음과 원활한 기지가 병행해야 한다.

[原文]

事有急之不白者 寬之或自明 毋躁急以速其忿 人有操之不從者 縱之或自化 毋操切以益其頑

|讀解|

 일을 급히 하여 고백하지 않는 자가 있을 때에 너그러이 하면 자백하기도 하니, 조급히 굴어서 그 분(忿)을 불러일으키지 말아야 한다. 또 사람을 조종하다가 좋지 않는 자가 있을 때에 놓아 두면 혹 스스로 교화되는 수가 있다. 그러므로 엄격히 해서 그 미련함을 더하게 말 것이다.

|講義|

 사고를 조사·심문하다가 너무 급박히 하여 고백하지 않는 자가 있을 때에, 너그럽게 하면 본인이 자백하거나, 혹은 자연히 일이 드러나는 수가 있다. 그러나 너무 조급히 물으면 도리어 그 사람의 분을 건드려 조사상에 곤란이 생기기 쉬우므로, 조급히 해서 그 분함을 불러일으키지 말 것이다.

 또 사람을 교화하는 데에 있어서 너무 단속해서 복종하지 않는 자가 있을 때에, 너그럽게 놓아 두어서 방임(放任)하면 자연히 감화되는 수가 있다. 그러나 한결같이 엄격하게 단속하기만 하면 도리어 나쁜 감정이 움직여서 완강한 저항을 더하기가 쉽다. 그러므로 지나치게 단속하여 그 완강함을 도와주지 말 것이다.

|原文|

節義傲靑雲 文章高白雪 若不以德性陶鎔之 終爲血氣之私 技藝之末

[讀解]

절의(節義)가 청운을 업신여기고, 문장이 백설보다 높아도 만일 덕성으로 도야하지 않으면, 마침내 혈기의 사(私)와 기예(技藝)의 말(末)이 되는 것이다.

[講義]

지조가 늠름해서 하늘을 업신여기고, 문장이 깨끗하여 백설보다 고결하더라도 만일 도덕의 본성으로써 도야하지 않는다면, 그 지조는 혈기의 사사로움으로 돌아가고 문장은 재주의 말단으로 되어 버린다. 그러므로 무부(武夫)·협객의 일시적인 지조와 시인·소객(騷客)의 경박한 문장이 이런 종류이다.

[原文]

謝事 當謝於正盛之時 居身 宜居於獨後之地 謹德 須謹於至微之事 施恩 務施於不報之人

[讀解]

맡은 일을 사양하되 마땅히 한창 성할 때에 사양할 것이요, 몸을 두되 홀로 뒤에 있는 곳에 둘 것이요, 덕을 삼가되 모름지기 극히 적은 일에 삼갈 것이요, 은혜를 베풀되 갚지 못할 사람에게 베풀 것이다.

[講義]

일을 사례하는 데에는 세력이 한창 성할 때에 사례하면, 쇠해진 뒤의 뉘우침을 면하고 여유를 두어 그 종말을 보존할 것이다. 자기 일신을 이욕(利欲)의 마당에 두는 데에 남들이 싸우지 않는 홀로 있는 곳에 둔다면, 남들의 시기를 벗어나고 안

전하게 될 것이다.

덕행을 근신하는 데에 지극히 적은 일에 삼가면, 잘못하는 덕이 없이 만전(萬全)을 얻을 것이다. 은혜를 갚지 못할 사람에게 베풀면, 그 은혜가 참되고 그 덕이 오래 가는 것이다.

原文

德者事業之基 未有基不固 而棟宇堅久者 心者修行之根 未有根不植 而枝葉榮茂者

讀解

덕이란 사업의 바탕이니 기초가 굳지 않고서 집이 견고하고 오래 가는 일이 없다. 마음이란 행동을 닦는 뿌리이니 뿌리가 심어지지 않고서 가지와 잎이 무성할 수 없다.

講義

덕과 사업을 비교하면 덕은 기초와 같고 사업은 집과 같다. 기초가 튼튼하지 못하면 집이 견고하고 오래갈 수 없다. 이와 같이 도덕이 견고하지 못한 자가 세운 사업은 견실하고 오래 가지 못한다. 그러므로 사업을 이룩하고자 하면 먼저 덕을 세울 것이다.

마음과 수행(修行)을 비교하면 마음은 뿌리와 같고 수행은 지엽(枝葉)과 같으니, 뿌리가 깊이 심어지지 않고 지엽이 무성할 수 없다. 이와 같이 마음을 수양하지 못한 사람의 수행은 원만하지 못한 것이다. 그러므로 실제 일을 수행하고자 하면, 마땅히 먼저 마음부터 닦아야 할 것이다.

原文

道是一件公衆的物事 當隨人而接引 學是一個尋常的家飯 當隨事而警惕

讀解

도(道)는 곧 한 가지의 공중적(公衆的)인 물건이니 마땅히 사람을 따라서 접할 것이다. 학(學)은 곧 한 가지의 여염집의 일상 먹는 밥이니 마땅히 일을 따라서 삼가야 한다.

講義

도란 개인의 소유로 지정한 사사 물건이 아니고, 자유로이 취하고 보편적으로 쓰는 한 가지의 공중적인 물건이다. 마땅히 사람을 따라서 어느 사람이라도 응접하고 인도하여 도에 합하게 할 것이다. 학문은 일정한 과정만 배우고 다른 일을 모두 폐기하는 것이 아니다. 항상 먹는 차나 밥과 같아서 날마다 쓰는 일을 따라 무슨 일이든지 일깨우고 삼갈 것이다.

原文

勤者敏於德義 而世人借勤 以濟其貪 儉者淡於貨利 而世人假儉 以飾其吝 君子持身之符 反爲小人營私之具矣 惜哉

讀解

근(勤)이란 것은 덕의(德義)에 민첩한 것이다. 그런데 세상 사람은 근을 빌려다가 그 탐(貪)을 구제한다.

검(儉)이란 것은 재물에 담박한 것이다. 그런데 세상 사람은 검을 빌려다가 인색함을 장식한다. 군자가 지니는 부(符)가 도리어 소인의 사사로움을 경영하는 도구가 되고 있으니 아까운 일이다.

[講義]

부지런하다는 것은 덕과 의리를 행하는 데에 민첩하고 게으르지 않는 것을 말한다. 그런데 세상 사람들은 이 근면이란 이름을 빌려다가 재물을 구하는 욕심을 만족시켜 준다.

검소하다는 것은 재물에 대한 욕심이 담박해서 사치스러운 마음이 없는 것을 말한다. 그런데 세상 사람들은 검소라는 이름을 빌려 재물을 모으려는 인색한 태도를 장식한다. 덕의에 예민한 근면과 재물에 담박한 검소는 군자의 몸을 닦는 영부(靈符)인데 소인들은 이를 빌려 가난을 구제하고, 인색을 장식하여 사사로운 이익을 구하는 도구로 삼으니 애석한 일이다.

[原文]

人之過誤宜恕 而在己則不可恕 己之困辱宜忍 而在人則不可忍

[讀解]

남의 과오는 마땅히 용서할 것이지만 자신의 과오는 용서하지 못할 것이다. 자신의 곤욕은 마땅히 참아야 하나 남이 당하는 곤욕은 참지 못할 것이다.

[講義]

남의 허물이나 잘못은 마땅히 용서하여 자기의 덕성스러운 도량을 너그럽게 할 것이다. 그러나 자기에게 과오가 있으면 곧 몹시 책망하여 이것을 뉘우쳐 고칠 것이다. 또 자기가 당하는 고난과 치욕은 마땅히 참아서 입지(立志)를 변개하지 말 것이다. 그러나 남이 곤욕당하는 것을 보면 방관하여 참아 넘기지 말고 힘을 다하여 구제해 줄 것이다.

原文

恩宜自淡而濃 先濃後淡者 人忘其惠 威宜自嚴而寬 先寬後嚴者 人怨其酷

讀解

은혜는 마땅히 담박한 데에서부터 시작하여 농후해져야 할지니, 먼저 짙고 뒤에 담박하면 사람이 그 은혜를 잊는다. 또 위엄은 마땅히 엄한 데에서부터 시작하여 너그러워져야 할지니, 먼저는 너그럽고 뒤에 엄하면 사람이 그 가혹함을 원망할 것이다.

講義

남에게 은혜를 베풂에 있어서 처음에는 박하더라도 뒤에는 점점 후하게 할 것이다. 만일 처음에 후하게 하고 뒤에 박하게 하면, 그 은혜를 입은 사람의 고마워하는 마음이 차츰 엷어져서 그 은혜를 잊게 될 것이다. 또 위엄은 애초에는 엄격히 하더라도 뒤에 가서는 차츰 너그럽게 할 것이다. 만일 처음에 너그럽게 하고 뒤에 가서 엄하게 하면, 그 위엄에 복종하는 사람의 마음이 점점 거슬려 마침내는 그 가혹함을 원망하게 된다.

原文

士君子 處權門要路 操履要嚴明 心氣要和易 毋少隨而近腥羶之黨 亦毋過激而犯蜂蠆之毒

讀解

사군자(士君子)가 권문(權門)이나 요로에 처함에는 행동을 엄격하고 밝게 하며, 마음을 화평하고 부드럽게 하여 조금도 남을 따라서 더러운 무리에게 가까이하지 말 것이며, 또한 과격히 하여 벌과 전갈의 독을 범하지 말 것이다.

講義

사군자가 권세 있는 집이나 요로에 처해 있을 때에 행동은 엄격하고 바르며 공명하게 할 것이요, 마음은 온화하고 너그럽게 가져서 조금도 남을 붙좇아서 더러운 무리에게 가까이하지 말 것이다. 또 과격하게 자기의 지조를 세우고 남의 잘못을 공격하여 벌이나 전갈 같은 소인들의 독침에 찔리지 말 것이다. 만일 소인들의 독침에 찔리면 무함(誣陷)의 위해를 받게 된다.

原文

遇欺詐的人 以誠心感動之 遇暴戾的人 以和氣薰蒸之 遇傾邪私曲的人 以名義氣節激礪之 天下無不入我陶鎔中矣

讀解

 남을 속이는 사람을 보거든 성심으로 감동시키고, 사나운 사람을 보거든 화기로써 덥히며, 간사하고 비뚤어진 사람을 만나면 명분과 의리와 지조로써 격려할 것이다. 이렇게 하면 세상에서 나의 도야 속에 들지 않는 것이 없을 것이다.

講義

 거짓스럽고 간사스러운 사람을 만나면, 나는 성실하고 거짓이 없는 마음으로 대우하여 그 거짓스럽고 간사한 마음을 감동시킴으로써 그 마음을 고쳐 성실하게 되도록 할 것이다. 또 포학한 사람을 만나면, 나는 온화한 기상(氣象)으로 대우하여 마치 향기가 나쁜 냄새를 없애듯이 나의 화기로 그의 사나운 것을 변화시킴으로써 화기가 어리게 할 것이다.

 또 사특하고 비뚤어진 사람을 보거든, 나는 명분과 의리와 지조로써 그를 고무·격려하여 그 비뚤어진 것을 변화시킴으로써 정직한 사람이 되게 해야 한다. 그렇게 하면 천하의 모든 사람들이 나의 훈도(薰陶)와 용화(鎔和) 속에 들어와서 그 기질이 변화되지 않을 자가 없을 것이다.

原文

語云 登山耐險路 踏雪耐危橋 一耐字極有意味 如傾險之人情 坎坷之世道 若不得一耐字 撑持過去 幾何不墮入榛莽坑塹哉

讀解

옛말에 '등산할 적에는 험한 길을 참고, 눈을 밟을 적에는 위태로운 다리를 참아야 한다'고 하였다. 그러므로 하나의 '내(耐)' 자가 매우 의미가 있는 것이다. 위태로운 인심과 험악한 세상에서 만일 이 하나의 '내(耐)' 자를 터득하여 버티지 않는다면, 그 누가 덤불과 구덩이에 떨어져 들어가지 않으랴?

講義

옛말에 '등산할 적에는 험한 길을 잘 참아 내고, 눈을 밟을 적에는 위태로운 다리를 잘 참아 견뎌야 한다'고 하였다.

이는 산에 오르는 사람이 위험한 길을 지나갈 때에 겁을 내어 앞으로 나아가지 못한다면, 마침내 등산의 목적을 성취하지 못할 것이다. 그러니 한층 용기를 내고 전진하여 다소의 어려움을 참고 산꼭대기에 오르면, 아래에 보이는 풍광을 모두 사랑할 수 있을 것이다.

또 눈을 밟고 위험한 다리를 건너는 데에 뒤로 물러서고 앞으로 나아가지 못하면, 마침내 저 언덕에 도달하지 못할 것이다. 그러니 더욱 분발하여 어떠한 노고라도 참고 지나가면, 목적의 지점에 도달하여 뜻대로 될 것이니 하나의 '견딜 내(耐)' 자가 극히 의미 깊은 것이다.

산길과 같이 험한 인정과 접하고 눈이 덮인 다리처럼 험난한 세상 길을 건너가는 데에 있어서 이 하나의 '내(耐)' 자로 버텨 지나가지 않는다면, 위험하고 곤란한 곳을 지나 낙원에 도착하지 못하고, 잡초가 우거진 덤불과 구덩이 같은 고통에 빠질 것이다. 그러니 굽히지 않고 꺾이지 않는 용기로써 위험하고 곤란함을 인내하여 원만한 목적지에 도달해야 한다.

原文

居官有二語 曰惟公則生明 惟廉則生威 居家有二語 曰惟恕則平情 惟儉則足用

讀解

벼슬살이하는 데에 두 가지 속담이 있다. '오직 공정하면 밝음을 낳고, 오직 청렴하면 위엄을 낳는다'. 또 가정살이에 두 가지 속담이 있다. '오직 용서하면 인정을 화평하게 하고, 오직 검소하면 씀씀이가 넉넉하여진다'.

講義

관직에 있으려면 항상 지켜야 할 두 가지 속담이 있다. '공정하기만 하면 밝게 되고, 청렴하기만 하면 위엄이 생긴다'는 말이 이것이다. 일을 처리하는 데에 공정히 하여 조금도 사정(私情)의 편벽됨이 없으면 저절로 명백한 성적이 나오고, 청렴해서 뇌물을 탐내지 않으면 남에게 조금도 부끄러움이 없기 때문에 자연히 정정당당한 위엄이 생기는 것이다.

가정살이에서 항상 지켜야 할 두 가지 속담이 있다. '오직 용서해 주면 마음이 평탄하고, 오직 검소하면 씀씀이가 넉넉하여진다'는 말이 그것이다. 내 마음으로 남의 마음을 헤아려서 가족들에게 고통스러운 일을 시키지 말고, 다소의 잘못이 있더라도 이를 너무 책망하지 말고, 항상 너그럽게 용서해 주면 심정이 모두 화평할 것이다. 또 사치를 금하고 검소하게 하여 비용을 절약하면 저절로 쏨쏨이가 넉넉해질 것이다.

그러므로 관직에 있을 때의 공정하고 청렴함과, 가정살이에서의 용서함과 검소함은 실로 유일한 법문(法門)이다.

原文

處富貴之地 要知貧賤的痛癢 當少壯之時 須念衰老的辛酸

讀解

부귀의 처지에 있으면 빈천의 고통을 알아야 하고, 젊을 때에는 늘그막의 괴로움을 생각해야 한다.

講義

부귀한 처지에 있으면서 빈천한 사람의 사정을 알아야 한다. 왜냐 하면 부귀의 행복을 누리는 자가 빈천한 사람의 고통을 알지 못하면 사정에 어두워서 자선(慈善)의 마음이 없고, 박애의 덕이 없어 뭇사람들의 원한을 사므로 그 부귀를 오래 누리기 어렵기 때문이다. 또 부귀는 뜬구름과 같이 이리저리 옮겨 다니어 일정한 기한이 없는 것이니, 하늘을 흔드는 부귀라도 어느 새 땅에 떨어져 빈천으로 변할지 알 수 없는 것이다.

그러므로 아무리 부귀한 자라도 빈천한 자의 사정을 고루 알아서 자선을 행하고 박애의 덕을 기를 것이며, 또 항상 부귀의 변천하는 것을 생각하여 근신하고 검소하여 당시의 위엄을 함부로 쓰지 말아야 그 복을 영구히 보존할 것이다. 또 몸이 건강하고 혈기가 왕성한 소시에 노쇠했을 때의 서글픔을 미리 염려하여 몸의 위생에 삼가서 늘그막의 건강을 도모해야 한다.

原文

休與小人仇讐 小人自有對頭 休向君子諂媚 君子原無私惠

讀解

소인과는 원수를 맺지 말지니, 소인은 스스로 적대(敵對)함이 있다. 또 군자를 향하여 아첨하지 말지니, 군자는 원래 사사로운 은혜가 없는 법이다.

講義

소인을 미워하여 원수를 맺지 말라는 것은, 소인은 사리의 잘잘못을 따지지 않고 다만 적대적인 행위를 하여 내가 저를 원수로 여기면 저는 나에 대하여 몇 배의 해를 주는 것이니 이런 사람과는 원수를 맺지 말고 포용하는 것이 옳다.

또 군자에게 아첨하지 말라는 것은, 군자는 원래 공명정대하여 편벽된 사사로운 은혜가 없으니 아첨한들 무슨 이익이 있으랴?

原文

磨礪當如百鍊之金 急就者非邃養 施爲宜似千鈞之弩 輕發者無宏功

讀解

갈고 닦기는 마땅히 거듭 단련시키는 금과 같이 할지니, 이를 빨리 성취하려는 자는 깊은 수양을 얻지 못할 것이다. 또 일을 행하기를 마땅히 천균(千鈞)의 쇠뇌처럼 할지니, 이를 경솔히 행하면 큰 공이 없을 것이다.

[講義]

 심신을 갈고 닦기를 마땅히 거듭 단련시키는 쇠처럼 정밀하게 닦고 오래 갈아서 한 점의 티도 없게 할 것이다. 만일 하루 아침의 수련으로써 급히 성취한다면 이는 깊은 수양이 아니다. 또 만사를 행하는 데에 3만 근 되는 큰 쇠뇌를 쏘듯이 원만하게 준비하여 오산이 없은 후에 행할 것이다. 만일 경솔한 준비로 잘못 행한다면 그 위세가 떨어져 굉장한 효력이 없을 것이다.

[原文]
建功立業者 多虛圓之士 債事失機者 必執拗之人
[讀解]
 공을 세우고 업을 이루는 자는 허원(虛圓)한 사람이 많고, 일을 그르치고 기회를 잃는 자는 반드시 집요(執拗)한 사람이다.

[講義]

 큰 공을 세우고 위대한 사업을 이룩하는 자는 허원(虛圓)한 사람이 많다. 허원한 사람이란 마음을 비워 가슴 속에 막힌 것이 없이 원활해서 사물에 편착됨이 없는 사람이다. 이런 사람은 좋은 말을 받아들이고 기회를 잡아서 공을 세우게 마련이다. 사업을 망치고 기회를 놓치는 자는 반드시 집요(執拗)한 사람이다. 집요한 사람이란 고집이 있어 사리에 통하지 못하고 편벽되고 곡하여 사람을 포용하지 못하는 사람이다. 이런 사람은 기회를 잃고 일을 그르치는 것이니, 세상에서 사업가로 자처하는 사람은 이 허원을 배우고 집요를 버릴지니라.

原文

毋憂拂意 毋喜快心 毋持久安 毋憚初難

讀解

뜻에 거슬리는 것을 근심하지 말고, 마음에 쾌한 것을 기쁘게 여기지 말라. 오래 편안하기를 믿지 말고 처음에 어려움을 꺼리지 말지니라.

講義

자기의 뜻을 거스르는 일은 뜻과 행동을 단련하는 풀무와 같다. 이를 이용하여 나의 미련하고 둔한 결점을 없애고 정명(精明)한 지덕(知德)을 이루면, 뒤에 가서 마음에 쾌할 때가 있을지니, 뜻에 거슬리는 일을 근심하지 말 것이다. 또 마음에 쾌한 일은 뜻을 해이하게 하고 게으름에 빠지게 하여 마침내 마음을 상하게 하는 슬픔이 생기기 쉬우니, 마음에 쾌한 일을 기뻐하지 말 것이다.

오랫동안 편안함을 믿고 위험을 방비할 줄 모르면, 갑자기 일이 있을 때에 위태로운 곳에 빠지기 쉬우니, 오래 편안함을 믿지 말 것이다. 또 처음에는 다소의 곤란을 겪은 뒤에라야 공업(功業)을 이루는 것이니, 처음에 어려움을 꺼리지 말 것이다.

그러므로 백절불굴의 뜻으로 곤란을 참고 전진하면 최후의 성공을 거둘 것이니, 처음에 있는 곤란을 꺼리지 말 것이다. 천하의 모든 일은 변동이 무상하고 일정한 성패가 없다. 그러니 어떠한 경우에 처하든지 목전의 현상에만 구애되지 말고,

사물의 공변된 이치에 의하여 자기의 의무를 다할 뿐이다.

[原文]

飮宴之樂多 不是個好人家 聲華之習勝 不是個好士子 名位之念重 不是個好臣工

[讀解]

음연(飮宴)의 즐거움이 많으면 곧 일개의 호인가(好人家)가 아니고, 성화(聲華)의 습관이 승(勝)하면 곧 일개의 호사자(好士子)가 아니며, 명위(名位)의 생각이 많으면 곧 일개의 호신공(好臣工)이 아니다.

[講義]

호인은 예절을 숭상하고 은혜 베풀기를 즐긴다. 술 마시고 잔치하는 즐거움이 많으면 호인이 못 된다. 훌륭한 선비는 품행의 실지를 배우는 것이니, 노래 곡조를 사랑하고 화려한 것을 숭상하는 풍습이 많으면 곧 훌륭한 선비가 아니다. 또 훌륭한 신공(臣工), 즉 직업에 충실한 사람은 덕의를 지켜서 충실을 다하는 것이니, 명리와 벼슬을 탐하는 생각이 많으면 곧 훌륭한 신공이 아니다.

머리를 돌려 오늘날의 상류 사회를 보면, 이것이 유일무이(唯一無二)한 대법문(大法門)이 되지 않겠는가?

[原文]

仁人心地寬舒 便福厚而慶長 事事成個寬舒氣象 鄙夫念頭迫促 便祿薄而澤短 事事成個迫促規模

読解

어진 사람의 심지(心地)는 너그럽다. 곧 복이 두텁고 경사가 길어서 일마다 너그러운 기상을 이룬다. 비루한 자의 생각은 촉박(促迫)하니, 곧 복록이 박하고 혜택이 짧아서 일마다 촉박한 규모를 이루는 것이다.

講義

인자한 사람은 그 심지가 관후하고 조용하여 남을 용납하고 사랑한다. 그러므로 복을 누림이 두텁고 경사스럽고 기쁜 일이 많아서 일마다 너그러운 기상을 이룬다. 이와 반대로 인색한 사람은 그 생각이 절박하고 촉급하여 외물의 시기를 받으므로, 복록이 적고 혜택이 모자라 일마다 촉박한 규모를 이룬다. 그러므로 한 가지 마음을 쓰는 데에 세 번 생각하여 너그럽고 평온하게 하고 촉박함을 버릴지니라.

原文

用人不宜刻 刻則思效者去 交友不宜濫 濫則貢諛者來

読解

사람을 쓰는 데에는 마땅히 각박하게 하지 말 것이니, 각박하게 하면 곧 공효를 생각하는 자가 가버린다. 벗을 사귐에는 마땅히 함부로 하지 말지니, 함부로 하면 곧 아첨하는 자가 오느니라.

講義

사람을 쓰는 데에는 각박하게 하지 말라. 사람이 남의 일을 맡아서 보는 것은 그 공효의 보수를 바람인데, 사람을 각박하게 대우해서 후한 보답이 없으면, 장래의 공효를 생각하는 자가 아주 가버리는 것이다. 또 친구를 사귐에는 어진 사람을 가까이하고 악한 자를 멀리하여 사귀지 말지니라. 남의 선악이나 손익을 가리지 않고 난잡하게 교제하면, 아첨하는 자가 와서 자기의 총명을 가려 앞날의 화를 초래하게 된다.

[原文]

大人不可不畏 畏大人 則無放逸之心 小民亦不可不畏 畏小民 則無豪橫之名

[讀解]

대인(大人)을 가히 두려워하지 않을 수 없다. 대인을 두려워하면 곧 방일(放逸)한 마음이 없어지고, 평민을 가히 두려워하지 않을 수 없다. 평민을 두려워하면 곧 세력 있고 방자하다는 소문이 없어지는 것이다.

[講義]

두려워한다는 것은 공경하고 삼간다는 뜻이다. 덕이 높고 지위가 귀한 대인 군자를 공경하지 않을 수 없는 것이니, 대인을 공경하면 항상 공경하는 뜻을 가져서 방종하는 마음이 없는 것이다. 또 덕이 없고 지위도 없는 평민을 또한 공경하지 않을 수 없는 것이니, 평민을 공경하면 항상 근신하는 실상을 행해서 세력 있고 방자하다는 소문이 없을 것이다. 그렇지 않고 만일 대인을 허술하게 여기고 평민을 업신여기면 방종하고 전횡하는 과실에 빠지고 마는 것이다.

[原文]

事稍拂逆 便思不如我的人 則怨尤自消 心稍怠荒 便思勝似我的人 則精神自奮

[讀解]

일이 조금 거슬리거든 곧 나보다 못한 사람을 생각할지니, 그렇게 하면 원망과 허물이 저절로 사라질 것이다. 또 마음이 조금 게을러지거든 곧 나보다 나은 사람을 생각할지니, 그렇게 하면 곧 정신이 저절로 분발해질 것이다.

[講義]

무슨 일이나 여의치 못하여 마음에 거슬리면 반감이 생겨 하늘을 원망하고 남을 탓하기 쉽다. 이런 때를 당하거든 자기보다 못한 사람, 즉 일이 맘대로 되지 않기가 나보다도 더해서, 나보다도 더 곤란을 받는 사람을 생각하면 원망이 저절로 사라질 것이다. 예를 들면 빈궁한 일이 마음에 거슬리면, 하늘이 무슨 일로 나를 빈궁하게 하는가 하는 원망과 부자가 왜 나를 구제해 주지 않는가 하는 탓을 하기 쉽다. 이런 때에 나보다 빈궁이 심한 자를 생각하면, 나는 오히려 풍족한 경우에 있음을 깨달아 원망이나 탓하는 마음이 저절로 사라질 것이다.

또 마음이 게을러져서 일에 힘쓸 뜻이 적으면 정신이 해이해지기 쉽다. 이런 때에 나보다 나은 자, 즉 여러 가지 경우가 나보다 나으면서도 오히려 근면하고 있는 자를 생각할 것이다. 그렇게 하면 정신이 자연히 분별해져서 근면할 뜻이 생길 것이다.

原文

不可乘喜而輕諾　不可因醉而生瞋　不可乘快而多事　不可因倦而鮮終

讀解

기쁜 기회를 타서 경솔히 승낙하지 말 것이며, 취한 것으로 인하여 노여움을 내지 말 것이다. 유쾌한 기회를 타서 일을 많이 만들지 말 것이며, 게으름으로 인해서 일의 끝맺음을 쉽게 하지 말 것이다.

講義

일시적인 기쁨으로 경솔히 일을 승낙하면, 뒤에 가서 그것을 실천하지 못하는 폐단이 있다. 그러므로 기쁜 기회에 경솔히 승낙하지 말 것이다. 술에 취하여 성을 내면 난폭한 일이 생겨서 후회가 많을 것이므로, 술 취한 것으로 인하여 노여워하는 마음이 생기지 않도록 해야 한다.

또 잠시 만족을 얻어 심신이 유쾌할 때에 자부하는 객기가 생겨서 여러 가지 일을 벌여 놓으면, 복잡하고 산만해서 일일이 좋은 성과를 거두지 못하고 중도에 그만두기 쉽다. 그러니 쾌락한 기회에 일을 많이 벌여 놓지 말아야 한다.

일을 하는 데에 처음에는 근면하다가 점점 게으러지면, 그 일을 잘 마무리하는 자가 드물어 처음 기대했던 공로가 수포로 돌아가서, 아홉 길 되는 산을 쌓다가 한 삼태기의 공(功: 흙)을 빠뜨림과 같다. 그러므로 게으름으로 인하여 일의 끝맺음을 호지부지하게 말 것이다.

이와 같이 기쁨과 술 취함, 유쾌함과 게으름이 생길 때에 더욱 근신하여 갖가지 폐단이 생기지 않도록 해야 한다.

[原文]

釣水逸事也 尙持生殺之柄 奕棋淸戲也 且動戰爭之心
可見喜事不如省事之爲適 多能不如無能之全眞

[讀解]

물에 낚시질하는 것은 즐기는 일이지만 오히려 생살(生殺)의 권리를 지니고, 바둑과 장기는 깨끗한 놀이지만 또한 다투는 마음이 움직인다. 그러므로 일을 좋아함이 일을 살핌에 적당한 것보다 못하고, 잘하는 것이 많은 것은 잘하는 것이 없어서 잘됨의 보전보다 못함을 알 것이다.

[講義]

물가에 가서 물고기를 낚는 것은 속세의 괴로움을 떠난 은자의 일이다. 그러나 여기에는 오히려 물고기를 생살하는 권리를 지녀 도리어 은자 본래의 뜻을 손상시킨다. 또 바둑과 장기는 부생(浮生)들의 분망에서 떠나는 청한(淸閑)한 유희지만, 또한 흑백으로 승부를 결하는 투쟁심이 움직여서 도리어 조촐한 취미를 잃는다.

이렇게 보면 일을 즐겨 뜻을 손상함이 일을 살펴서 뜻에 맞게 하는 것만 못하고, 재능이 많아서 심신을 함께 피로하게 함이 재능이 없어서 천진 그대로 보전하는 것만 못하다

[原文]

鳥語蟲聲 總是傳心之訣 花英草色 無非見道之文 學者
要天機淸澈 胸次玲瓏 觸物皆有會心處

讀解

 새의 지저귐과 벌레소리는 모두 마음을 전하는 비결이요, 꽃 모양과 풀빛은 모두 도(道)를 깨닫는 글이 아닌 것이 없다. 그러니 배우는 자는 천기(天機)가 훤히 뚫리는 가슴 속이 영롱하여 사물을 접하는 것마다 마음에 맞는 처리가 있어야 한다.

講義

 마음을 전하는 비결이라는 것은 불가(佛家)의 말이다. 우주의 도와 만물의 진리가 모두 마음에 갖추어졌기 때문에 부처님은 '심외무물(心外無物)'이라 했으니, 곧 마음이 만 가지의 이치와 일의 본원이 된다는 말이다.

 그러므로 옛 성현이 자기 마음을 깨닫고 남의 마음을 깨치게 함을 유일의 종지(宗旨)로 삼았었으나, 마음을 깨달음은 결코 언어·문자에 존재하지 않는다. 수레와 거룻배를 만드는 기능도 정밀하게 되면, 아비가 능히 아들에게 전하지 못하고 아들이 능히 아비에게 물려받지 못한다.

 석가의 49년 설법(說法)이 구름과 비처럼 많아 한우충동(汗牛充棟)의 대장경이 되었고, 대개 대덕을 논한 부분이 눈송이처럼 많으나, 이는 옛 사람의 재강(糟粕)에 지나지 않는다. 그런데 언어 문자에 의하여 갖은 애를 써도 진리를 깨닫지 못하므로, 선가(禪家:禪宗의 派)에서 불입문자교외별전(不立文字敎外別傳) 즉 '文字에 의해서 敎를 세워, 외부 세계에서 특별히 이어받을 것이 없다'라고 부르짖었는데 '이심전심(以心傳心;마음으로써 마음에 전함)'이 이것이다. 아무리 그렇더라도 마음은 형체가 없으니, 무엇을 근거로 삼아 마음을 전하는 방법으로 할까? 근거로 삼을 것이 있어 일정한 방법을 세우면, 이 또한 언어·문자에 낙착된 것이고 마음을 전하는 오묘한 비결은 아니니, 마음을 전하는 오묘한 비결은 제 마음을 스스로 수양하여 저절로 깨닫는 것밖에 다른 방법이 없다. 그러나 '마음의 밖에 사물(事物)이 없다'고 하면, 제 마음을 빼놓고는 우주 만물이 하나도 마음을 전하는 비결이 아니고, 만물을 동일체성으로 본다면 삼라만상 중 어느 것이 마음을 전하는 비결이 아니랴?

그러므로 새가 지저귀는 소리와 벌레의 울음소리도 모두 마음을 전하는 비결이요, 온갖 꽃의 울긋불긋한 꽃다운 빛과 풀의 녹색도 모두 도를 깨치는 문장이다. 이와 같이 한 마음이 만물이요 만물이 곧 한 마음이니, 무엇을 취하고 무엇을 버리랴? 배우는 자는 번뇌의 흐린 마음을 없애고, 천연의 심기를 맑은 물처럼 깨끗하게 하여 가슴 속을 얼음처럼 영롱하게 함으로써 어떠한 사물에 접촉하든지 자기 마음에 이치를 터득하여 깨달아야 할 것이다.

原文

人解讀有字書 不解讀無字書 知彈有絃琴 不知彈無絃琴 以跡用 不以神用 何以得琴書佳趣

讀解

사람은 글자가 있는 책을 읽을 줄은 알지만, 글자가 없는 책을 읽을 줄은 모른다. 줄이 있는 거문고는 탈 줄 알지만, 줄이 없는 거문고는 탈 줄 모른다. 이리하여 형적(形迹)으로만 쓰고 신(神)으로 쓰지는 못하니, 어찌 거문고 타기와 책을 읽는 아름다운 취미를 얻을 수 있으랴?

|講義|

문자는 사물의 상태와 인류의 사상을 표현하는 부호(符號)요, 책은 그 부호로 그린 그림이다. 그러나 그 부호 그림의 원본이 되는 우주의 만상(萬象)과 허다한 인사(人事)야말로 종횡으로 얽히고 설켜, 웅장·오묘한 격식을 극한 '문자 없는 책'이라 할 것이다. 그런데 다만 그 거문고의 줄은 물건의 접촉으로 인해서 소리가 나는 피동적인 물건에 지나지 못하니, 이 줄로 소리를 내면 범부의 귀를 기쁘게 할 따름이다. 그 절묘한 가락을 극한 '소리 없는 음악'은 줄과 상관 없는 오래된 오동나무에 존재한다.

부호인 글자만 되씹고 그 정신의 진상을 간파하지 못하면, 시쳇말로 '기계적인 학문' '생물자전(生物字典)'이 이것이다. 글자 없는 책을 읽는 것은 사물이 이치를 밝혀 정신의 진상을 깨침이다. 예를 들면 한(漢)나라 사마천(司馬遷)이 20세 때에 남방 강회(江淮)에서 노닐면서 산천 풍물의 정신을 생생하게 받아들여 자기의 문장을 경륜하여 놓았다가, 뒷날 ≪사기(史記)≫를 지을 때에 지난 날의 생생하게 받아들인 정신을 문장으로 이용하여 만고 명문(名文)을 이루어 '≪사기≫의 일부가 명산·대천에 존재한다'는 명언이 전하여진다. 그러므로 이는 사마천이란 대문장가가 산천 풍물의 '글자 없는 책'을 읽은 결과이다. 세상 사람들은 글자 있는 책만 읽고 글자 없는 책은 읽지 못하며, 또 줄 있는 거문고는 타되 줄 없는 거문고는 탈 줄 모른다.

진(晉)나라의 도연명(陶淵明)이 줄 없는 거문고를 어루만지면서 작시하기를, '거문고에 대한 아취(雅趣)를 터득하기만 한다면, 어찌 줄에서 나는 소리 듣기를 애쓰겠는가(但得琴中趣何勞絃上聲)' 하였으니, 이야말로 줄 없는 거문고를 안 것이다. 다시 한 걸음 나아가서 말하자면 '산은 드높아 험준하고 물은 아득히 넓어 끝이 없어라(兪伯牙와 鍾子期의 이야기. 거문고의 名手 伯牙가 彈琴하면 거문고 소리를 잘 이해한 子期가 그 소리에 따라 부른 노래)'고 한 묘곡은 줄과 오래된 오동나무를 떠난 산수간에 존재한다. 그러므로 다만 글자가 있는 책만 읽고 줄이 있는 거문고만 타는 사람은 형적으로 쓰고 정신으로는 쓰지 못하는 것이니, 어찌 거문고와 책의 진묘한 아취를 깨닫겠는가?

原文

山河大地已屬微塵　而況塵中之塵　血肉身軀且歸泡影
而況影外之影 非上上智 無了了心

讀解

산하(山河)·대지(大地)도 벌써 조그마한 티끌에 속하는데, 하물며 티끌 속에 티끌임에랴. 혈육과 몸뚱이도 물거품과 그림자로 돌아가는데, 하물며 그림자 밖의 그림자임에랴. 최고의 시혜를 가진 사람이 아니면 이를 훤하게 알 수 없을 것이다.

講義

하늘과 땅도 덩어리로 되어 있는데, 산하와 대지는 조그만 티끌이 많이 쌓여 이뤄진 티끌의 집합된 형체이다. 그러므로 무너질 때에는 집합된 형체가 분산되어 도로 조그만 티끌이 된다. 산하·대지 같은 광대한 물체도 파괴를 면치 못하는 조그만 티끌에 속하거늘 하물며 티끌 속의 티끌, 즉 산하·대지 가운데에 잠깐 났다가 도로 없어지는 사람이 어찌 조그만 티끌로 돌아감을 면할 수 있으랴? 또 사람의 혈육과 몸뚱이도 겨우 백 년간의 존재를 유지하다, 한 번 죽으면 물거품과 그림자처럼 사라진다. 그런데 하물며 그림자 밖의 그림자, 즉 사람에게 속하는 부귀와 공명을 어찌 영구히 보존할 수 있으랴?

우주 만물이 하나도 영구히 보존되고 멸하지 않는 것이 없으니, 어찌 구구한 사물에 집착해서 깨끗하게 자유자재로 살지 못하랴? 최고로 밝은 지혜가 아니면 훤하게 마음을 깨칠 수 없으리라.

原文

石火光中 爭長競短 幾何光陰 蝸牛角上 較雌論雄 許大世界

讀解

석화광중(石火光中)에서 장단(長短)을 다투니 얼마 되는 세월이며, 달팽이 뿔 위에서 자웅을 비교·논쟁하니 얼마나 큰 세계이겠는가?

講義

인생의 백년을 유구·무궁한 시간에 비교하면, 그 짧음이 돌과 돌이 서로 부딪쳐서 일어나는 불빛이 반짝하는 것과 같다. 이러한 짧은 시간에 네가 못하고 내가 낫다면서 이해 득실을 서로 다투니 얼마나 되는 세월인가?

《장자(莊子)》에 이르기를 '달팽이의 왼쪽 뿔 위에 촉(觸)이란 나라가 있고 오른쪽 뿔 위에 만(蠻)이라는 나라가 있어 때때로 영토 문제로 전쟁하니, 수만 호가 항복하여 북쪽으로 쫓겨갔다가 15일 후에 돌아왔다'고 하였으니, 이는 비좁은 세계에서 사람과 만물이 구구한 이해 득실을 헤아려 다투어 빼앗고 서로 죽이고 함을 풍자한 우화(寓話)이다. 그러니 통달한 사람의 안목으로 보면 세계가 한 마리 달팽이의 뿔과 같고, 이른바 '영웅·호걸의 대전쟁도 만(蠻)·촉(觸) 두 나라의 경쟁과 같다'. 청허화상(淸虛和尙:西山大師 休靜)의 시에 '만국도성(都城)이 개미둑 같고, 수많은 호걸들이 초파리 따위의 미충(微蟲)인 듯하다(萬國都城如蟻垤 千家豪傑似醯鷄)'한 것이 이 뜻이다. 달팽이 뿔처럼 좁은 장소에서 자웅을 비교·논란하니 그 얼마나 광대한 세상일까? 달관한 마음으로 우주와 영겁(永劫)을 보면, 백 년 동안 생활하는 데에 자웅과 득실을 다툼이 어찌 구구하고 악착스럽지 않겠는가?

原文

延促由於一念 寬窄係之寸心 故機閒者 一日遙於千古
意寬者 斗屋廣於兩間

讀解

길고 짧은 것은 일념에 달렸고, 너그럽고 좁은 것은 마음에 달렸다. 그러므로 마음이 한가한 자는 하루가 천고(千古)보다도 멀고, 뜻이 너그러운 자는 좁은 방이 천지 사이보다도 넓을 것이다.

[講義]

　시간의 길고 짧은 것은 해와 달에 매인 것이 아니라 사람의 마음에 달려 있다. 공간의 넓고 좁은 것은 천지의 면적에 있는 것이 아니라 사람의 마음에 달려 있다. 그러므로 마음이 한가로운 자는 하루의 짧은 해를 넘기기가 태고의 긴 시간을 보내는 것보다 길게 생각되어 조급한 태도가 없다. 또 마음이 넓은 자는 비좁은 방에 거처해도 하늘과 땅 사이보다 더 넓다고 생각하여 협착함을 느끼지 않는다.

　그러므로 시간과 공간은 본래 정해진 것인데, 길고 짧게 여기는 것은 사람의 생각으로 가정(假定)하는 것이다. 어찌 자기 마음으로 공연히 바쁘게 생각하고, 공연히 좁게 생각해서 장구한 시간을 짧게 여기며, 광활한 공간을 비좁게 여기는 것일까?

[原文]

趨炎附勢之禍 甚慘亦甚速 棲恬守逸之味 最淡亦最長

[讀解]

권세에 붙좇는 화는 매우 참혹하고도 빠르다. 고요하게 살고 청일(淸逸)을 지키는 맛은 가장 담박하면서도 길다.

[講義]

　불꽃처럼 타오르는 권세에 붙좇는 자는 그 화가 몹시 참혹하고 또한 빨리 다가온다. 왜냐 하면 권세가에게 따르는 자는 반드시 명리(名利)의 정욕이 치열하여 제 뜻은 상실하고 남의 뜻만 따라서, 여러 가지 부도덕한 행위로 일시의 욕망만을 달성시키다가 일조에 세력을 잃으면 참혹한 화가 바로 이르기 때문이다.

홍진만장 속의 명리를 뜬구름같이 보고, 고요한 곳에 살면서 깨끗함을 지킨다면 그 취미가 가장 담박하고 또한 가장 장구할 것이다.

原文

色慾火熾 而一念及病時 便興似寒灰 名利飴甘 而一想到死地 便味如嚼蠟 故人常憂死慮病 亦可消幻業 而長道心

讀解

색욕이 불꽃처럼 타올라도 일념이 병든 때에 미치면 문득 흥이 식은 재와 같고, 명리(名利)가 엿처럼 달아도 일념이 죽는 때에 이르면 곧장 맛이 꿀밀을 씹는 듯하다. 그러므로 사람이 항상 죽음을 조심하고 병을 걱정하면, 또한 가히 환업(幻業)을 없애고 도심(道心)을 길게 할 것이다.

講義

사람이 혈기 방장한 때에는 색욕이 불꽃처럼 타오르지만, 병들어 피로하고 괴로울 때를 생각하면 그 흥취는 사라져서 마치 식은 재처럼 싸늘해진다. 또 정욕이 눈을 가리면 명리의 맛이 엿처럼 달지만, 갑자기 죽을 일을 생각하면 그 맛이 마치 밀랍을 씹는 것처럼 담박할 것이다.

그러므로 사람이 항상 죽는 것을 근심하고 병들 것을 걱정한다면, 색욕이나 명리 같은 환상을 없애고 아름다운 덕의 진실한 도심을 기를 수 있을 것이다.

原文

貪得者分金恨不得玉 封侯怨不援公 權豪自甘乞丐 知足者藜羹美於膏粱 布袍煖於狐貉 編民不讓王公

讀解

얻기를 탐하는 자는 금을 나누어 갖고서도 옥을 구하지 못하는 것을 한탄하고, 후작(侯爵)에 봉해지고서도 공작(公爵)을 받지 못함을 원망하여 권세가가 스스로 비럭질하기를 달게 여긴다. 또 만족할 줄 아는 자는 명아주국도 고량진미보다 맛있고, 베도포도 여우나 오소리 갖옷보다 따뜻하여 백성도 왕공(王公)에 못지 않다.

講義

많이 얻기를 탐내는 자는 금을 나눠 주어도 다시 옥을 얻지 못한 것을 한탄하고, 후작(侯爵)을 봉해 주어도 공작(公爵)을 주지 않는 것을 원망한다. 그러므로 부귀와 권세가 있으면서도 항상 부족한 마음을 품고서, 아득바득 구차스레 비렁뱅이 태도를 스스로 달게 여긴다. 이와 반대로 만족을 아는 자는 명아주나물 국이라도 고량진미보다 맛있게 여기고, 베옷이라도 여우나 오소리의 가볍고 좋은 갖옷보다 따뜻하게 생각하여 조금도 불만족한 마음이 없다. 그래서 아무 작위가 없는 평민의 지위에 있어도 그 마음은 늘 편안해서 존귀한 왕공(王公)에 못지 않다.

불서(佛書)에 이르기를 '만족할 줄 아는 자는 비록 땅 위에 누워 있어도 오히려 편안하고, 만족할 줄 모르는 자는 비록 천당에 있어도 편치 않다'고 함이 이것이다. 이처럼 인간의 고락(苦樂)은 부귀나 빈천에 있는 것이 아니고 자기 마음에 달려 있는 것이니, 부귀를 도모함에 급급하지 말고 자기 마음을 닦기에 부지런해야 한다.

원문

山林是勝地 一營戀 便成市朝 書畵是雅事 一貪痴 便成商賈 盖心無染着 欲境是仙都 心有係牽 樂境成悲地

독해

산림(山林)은 승지(勝地)지만 한 번 영련(營戀)하면 갑자기 시조(市朝)를 이룬다. 서화(書畵)는 아사(雅事)지만 한 번 탐닉하면 바로 장사꾼이 된다. 대개 마음에 물드는 것이 없으면 욕경(欲境)도 선도(仙都)일 수 있고, 마음에 거리낌이 있으면 낙경(樂境)도 비지(悲地)가 되는 것이다.

강의

산림은 속세를 떠난 명승지로되, 여기에 연연집착하면 이는 탐내어 아끼는 속세와 같아서 곧 명리를 구하는 시장과 같다. 그것은 산림과 시장의 바깥 경치는 같지 않지만 물건을 탐하는 마음은 같기 때문이다.

글씨 쓰기나 그림 그리기는 이욕을 떠난 청아한 일이지만, 여기에 이익을 탐내는 생각을 갖는다면, 아담한 운치는 사라

지고 갑자기 영리한 장사꾼이 되어 버린다. 그러므로 마음에
이익을 탐하는 애착이 없으면 이욕의 세상도 곧 신선이 사는
곳이요, 마음에 거리낌이 있으면 쾌락한 곳도 슬프고 쓸쓸한
곳으로 변한다.

原文

時當喧雜 則平日所記憶者 皆漫然忘去 境在淸寧 則夙
昔所遺忘者 又況爾現前 可見靜躁稍分 昏明頓異

讀解

훤잡(喧雜)할 때를 당하면 곧 평소에 기억하던 바도
모두 막연하여 잊게 되고, 환경이 깨끗한 데에 있으면
옛날 잊었던 것도 뚜렷이 눈앞에 나타난다. 그러므로
고요하고 조급함이 차차 분산되면, 어둡고 밝은 것이
확실히 다르게 나타날 것이다.

講義

시끄럽고 복잡한 때에는 평소에 역력히 기억하던 일도 깨끗
이 잊어 버리니, 이는 심신이 외물의 시끄러운 것을 따라서 혼
란해지는 까닭이다. 또 깨끗하고 고요한 곳에 있으면 옛날에
잊었던 일이라도 뚜렷이 눈앞에 나타나게 된다. 이는 심신이
바깥 경치의 맑고 고요함을 따라서 깨끗해지기 때문이다.

이렇게 고요한 것과 시끄러운 것이 나누어지면, 까맣게 잊
어 버리고 밝게 나타나는 구분이 확실히 다르게 마련이다. 그
러므로 사람은 마땅히 맑고 고요함을 지키고 시끄럽고 복잡함
을 떠나야 한다.

原文

出世之道 卽在涉世中 不必絶人以逃世 了心之功 卽在盡心內 不必絶慾以灰心

讀解

불도(佛道) 수행의 길은 곧 세상를 살아나가는 속에 있으니, 반드시 사람들과의 접촉을 끊어서 세상을 도피할 것이 아니다. 마음을 깨닫는 공은 곧 마음을 다하는 속에 있으니, 반드시 욕심을 끊어서 마음을 죽이지 말라.

講義

불도(佛道) 수행의 방법은 마음이 세상의 탐욕을 떠남이요, 몸이 세상을 떠나 버려 영원히 인간 세상을 하직함이 아니다. 도를 닦는 사람이 불도 수행의 방법이 속세 바깥에 있는 줄 여겨, 세간을 떠나 초연히 깊은 산골짜기에 들어가서 사회적인 교제를 아주 끊어 버리고 가끔 염세적인 행위를 하는 것은 오해다. 왜냐하면 산골과 시정(市井)은 동일한 세간이거늘, 시정의 세간을 떠나서 산골의 세간에 들어가니 어느 것을 취하고 어느 것을 버리겠는가? 산골을 세간 바깥이라고 가정하더라도 세간의 탐욕을 떠나기 위하여 다시 세간을 떠나려는 탐욕이 생기면, 세간의 탐욕이나 세간을 떠나려는 탐욕이나 탐욕은 똑같으니, 어찌 탐욕을 떠나려 하는 본의에 부합하겠는가?

그러므로 인간 세상의 사교가 싫어서 버리고 산림의 고적(孤寂)함에 빠져 목석 같은 생활을 영위하는 것은 불도 수행하는 방법의 진의가 아니다. 참다운 불도 수행의 방법은 모든 세간을 살아가는 가운데에 존재하니, 세간에 살되 세속에 빠지지 아니함이다.

　예를 들면 연꽃은 진흙 속에 살되 그 진흙에 오염되지 않고, 도리어 깨끗한 꽃을 피우고 미묘한 향기를 풍기니 이는 진흙에서 떠난 것이다. 세간을 떠나는 도를 배우는 사람은 마땅히 이 연꽃을 배워야 한다.

　요심(了心)이라 함은 자기의 심성을 밝게 깨닫는 것을 말한다. 이 요심의 공은 심력을 다하여 수련하는 가운데에 있는 것이다. 사람의 정욕을 아주 끊어서 감각 없는 고목(枯木)과 같이 하고, 심기는 어둡게 하여 한 점의 따뜻한 기운이 없는 식은 재같이 하는 것은 좋지 못하다. 고요히 하여 망상을 없애고 깨달아서 심기(心氣)를 활발히 하면, 요심의 공을 이룰 것이다.

原文

我不希榮 何憂乎利祿之香餌 我不競進 何畏乎仕官之危機

讀解

　내가 영화를 바라지 않으면 어찌 이욕(利欲)의 맛있는 먹이를 근심하며, 내가 나아가기를 다투지 않으면 어찌 벼슬의 위기를 두려워하랴?

講義

　《삼략(三略)》에 이르기를 '향기로운 미끼 뒤에는 반드시 죽은 물고기가 있고, 중한 상(賞) 뒤에는 반드시 용맹스러운 사나이가 있다'고 했다. 향기로운 먹이는 물고기를 잡는 물건이요, 이득과 녹봉은 사람을 낚는 먹이와 같다. 그러므로 만일 내가 영화를 탐내지 않으면, 어찌 이득과 복록의 향기로운 먹이를 근심하겠는가?

또 벼슬의 진급을 도모하고 권리를 얻기 위하여 맹렬한 경쟁으로 관계(官界)에 풍파를 일으키다가 뜻하지 않은 위기를 만들기가 쉬우니, 만일 진급을 경쟁하지 않으면 어찌 관계의 위기를 두려워하겠는가?

原文

世人只緣認得我字太眞 故多種種嗜好種種煩惱 前人云 不復知有我 安知物爲貴 又云知身不 是我 煩惱更何侵 眞破的之言也

讀解

세상 사람이 다만 '아(我)'자를 너무 진실하게 인식하기 때문에, 여러 가지 기호(嗜好)와 갖가지 번뇌가 많은 것이다. 옛 사람이 말하기를 '다시 내가 있음을 알지 못하면, 어찌 물건의 귀함을 알겠는가?' 하고, 또 말하기를 '자신이 곧 내가 아님을 알면, 번뇌가 어찌 다시 침입하겠는가?'라고 했으니 참으로 파격적인 말이다.

講義

세상 사람이 '이(我)' 자를 너무 진실하게 인식하기 때문에, 여러 가지 좋아하고 즐김과 갖가지 번뇌가 생기게 마련이다. 옛 사람이 말하기를 '내가 있는 것을 알지 못하면 어찌 딴 물건의 귀중함을 알며, 이 몸이 바로 내가 아님을 알면 번뇌가 어떻게 침입하겠는가?'라고 했으니, 이야말로 파격적인 말이다.

왜냐 하면 일신은 무상한 생로병사(生老病死)의 변천 따라서 졸지에 났다가 졸지에 죽는 것으로 진실한 내가 아니다. 그런데 세상 사람은, 이같이 무상한 가아(假我)를 상주 불멸하는 진아(眞我)로 잘못 인식해서 여러 가지 번뇌가 일어나게 마련이다. 그러므로 만일 아(我)의 무상함을 알아서 무아(無我)의 이치를 깨닫는다면, 나에 대한 감정이 사라져서 내심의 번뇌와 외물에 대한 기호가 아주 없어질 것이다. 이 '무아(無我)'라는 말이야말로 참으로 파격적인 말이다.

[原文]

眼看西晉之荊榛 猶矜白刃 身屬北邙之狐兔 尙惜黃金 語云猛獸易伏 人心難降 谿壑易塡 人心難滿 信哉

[讀解]

눈으로 서진(西晉)의 가시덤불을 보아도 오히려 백인(白刃)을 자랑하고, 몸이 북망산(北邙山)의 여우와 토끼에게 돌아가도 오히려 황금을 아낀다. 옛말에 '맹수는 제압하기 쉬우나 사람의 마음은 굴복시키기 어렵고, 큰 계곡은 메우기 쉬우나 사람의 마음은 채우기 어렵다'고 한 말이 미덥도다.

[講義]

서진(西晉) 사람 삭정(索靖)이 그 나라가 장차 망할 것을 알고, 낙양궁 문에 있는 구리로 만든 낙타를 가리키면서 말하기를 '반드시 네가 가시덤불 속에 있으리라' 하더니, 그 후에 과연 그 말과 같이 서진은 망하고 말았다.

세상 사물이 아무리 융성해도 반드시 망하는 법이다. 부강

· 태평하던 서진도 일조에 멸망하여 도읍이 가시밭이 되었으니, 필부(匹夫)의 용기를 어찌 믿을 수 있으랴? 망국의 흔적, 곧 서진의 망함을 보고도 오히려 용기를 고무(鼓舞)하여 시퍼런 칼을 자랑하고 있으니, 그 용기가 얼마나 가겠는가?

또 사람이 태어나면 누가 죽지 않으랴? 어젠가는 죽어서 몸이 북망산에 묻혀 여우와 토끼의 먹이로 돌아간다. 이를 알면서도 오히려 황금을 아껴 영구히 살기를 도모하니 매우 어리석은 일이 아닌가. 옛말에 '맹수는 제어하기 쉬워도 사람의 마음은 굴복시키기 어렵고, 깊고 넓은 계곡은 메우기 쉬워도 사람의 마음은 만족시키기 어렵다'고 하였으니, 과연 그러하도다. 이는 사람의 객기와 용기와 욕심에 한이 없음을 말함이다.

[原文]

狐眼敗砌 冤走荒臺 盡是當年歌舞之地 露冷黃花 烟迷衰草 悉屬舊時爭戰之場 盛衰何常 强弱安在 念此 令人心灰

[讀解]

무너진 섬돌에서 여우가 졸고 황폐한 누대로 토끼가 달리는 것은 모두 당년에 가무(歌舞)하던 곳이요, 이슬이 국화에 차고 시는 풀에 연기가 희미한 것은 모두 옛날에 전쟁하던 곳이다. 성쇠가 어찌 떳떳하며 강약이 어디 있단 말인가? 이렇게 생각하면 사람의 마음이 시들어지게 된다.

[講義]

 허물어진 뜰에서 여우가 졸고 황폐한 누대에 토끼가 달리고 있으니, 그 황량(荒凉)한 심사를 금할 수 없다. 그러나 여기는 옛날에 비단 장막을 치고 가인(佳人)·재자(才子)들이 노래하고 춤추면서 즐겁게 놀던 곳이다. 또 맑은 이슬이 국화에 차갑게 떨어지고, 어슴푸레한 저녁 연기가 시든 풀에 희미하게 깔려 있으니 그 처량함을 누를 길 없다. 그러나 이는 그 옛날 높다란 군영(軍營)의 보루(堡壘)에서 영웅·호걸들을 호령하던 곳으로, 즐비한 깃발과 늠름한 무기로 치열하게 전투한 장소였었다. 그러나 당년의 부귀와 옛날의 강성함이 홀연히 행운유수(行雲流水)처럼 흘러가 버렸으니, 성쇠가 어찌 떳떳함이 있으며 강약이 또 어디 있단 말인가? 절세호걸(絶世豪傑)의 영화와 천고 영웅의 권능을 저 망망한 우주 사이에서 다시 찾을 길이 있겠는가. 이렇게 생각하면 명리에 관한 마음이 자연히 없어져서 차가운 재처럼 되는 것이다.

[原文]

晴空朗月 何天不可翶翔 而飛蛾獨投夜燭 淸泉綠竹 何物不可飮啄 而鴟鴞偏嗜腐鼠 噫 世之 不爲飛蛾鴟鴞者 幾何人哉

[讀解]

갠 하늘과 밝은 달에 어느 하늘을 날아가지 못할까마는 불나방 따위는 유독 밤 촛불에 떨어진다. 맑은 샘물과 푸른 대나무에 어느 물건인들 마시고 쪼아먹지 못할까마는 올빼미는 편벽되이 썩은 쥐를 즐긴다. 아, 이 세상에 불나방과 올빼미가 되지 않는 자가 몇 사람이겠는가?

[講義]

맑게 갠 하늘과 훤히 밝은 달빛은 드넓고 청명하여 만물이 멋대로 놀게 하니 이런 하늘을 날지 못할까마는, 불나방 따위는 유독 밤의 등불과 촛불에 부딪쳐 타 죽으니, 이는 불나방이 제 스스로 그렇게 하는 짓이다.

또 맑고 시원한 샘물은 끊임없이 흐르고 푸른 대나무에 달린 열매는 깨끗하게 주렁주렁 열려 있어, 마시고 쪼아먹기에 풍족함에도 올빼미는 유독 썩은 쥐를 즐겨 다른 먹이의 좋은 맛은 모르니, 이는 올빼미 스스로의 못남이다. 세상 사람이 광대한 천지와 맑은 샘물가에 살면서 담박한 음식을 자유로이 취하지 못하고, 구구한 명예와 벼슬, 이득과 녹봉을 탐하여 일상을 구차하게 보존코자 하다가 도리어 화를 입는 것은 불나방과 올빼미와 같은 것이다.

아, 이 세상에 불나방과 올빼미처럼 되지 않는 자가 몇 사람이나 있겠는가? 참으로 애석한 일이다.

[原文]

權貴龍驤 英雄虎戰 以冷眼視之 如蠅聚羶 如蟻競血 是非蜂起 得失蝟興 以冷情當之 如冶化金 如湯消雪

[讀解]

권귀(權貴)가 용처럼 달리고 부귀가 범처럼 싸운다.

그러나 냉철한 눈으로 보면, 파리가 비린내 나는 데로 모이고 개미가 피를 다투어 빠는 것과 같다. 또 시비가 벌떼처럼 일어나고, 득실이 고슴도치 털처럼 생겨도, 냉정한 마음으로 대하면 대장장이가 쇠를 녹이고 끓는 물이 눈을 녹이는 것과 같다.

[講 義]

권세 있고 귀한 사람이 용처럼 뛰어 달려서 세력을 다투고, 영웅이 범처럼 싸워서 승부를 결한다. 이것이 그 장본인의 마음에는 천하의 대사를 행함과 같으나, 세력에 흥미가 없고 승부에 마음이 없는 통달한 국외자(局外者)의 냉정한 안목으로 보면, 흡사 파리가 비린내를 맡고 덤벼서 서로 다투는 듯하고, 개미들이 혈액에 모여들어 싸우는 것과 같아서 더럽고 지저분함을 참을 수 없다.

또 시비를 따지는 일이 벌떼처럼 일어나고 이해 득실의 실마리가 고슴도치 털처럼 발생하여 그 단서를 찾기조차 어렵지만, 냉담한 심정으로 보면 복잡한 마음이 한꺼번에 없어져서 대장장이가 쇠를 녹이고 끓는 물이 눈을 녹이는 듯하여 가슴을 막지 못한다.

[原 文]

以我轉物者 得固不喜 失亦不憂 大地盡屬逍遙 以物役我者 逆因生憎 順亦生愛 一毫便生纏縛

讀解

자기가 물건을 움직이는 자는 얻어도 기뻐하지 않고 잃어도 근심하지 않아, 대지(大地)가 모두 산책지에 속한다. 또 물건이 자기를 부리는 자는 거역하면 미움이 생기고 순종하면 사랑하는 마음이 생겨서, 조그만 일에도 갑자기 속박이 생긴다.

講義

내가 주체가 되어 외물을 움직이는 사람은 일체의 사물을 얻어도 기뻐하지 않고, 일체의 사물을 잃어도 근심하지 않아서 광활한 천지 사이에 맘대로 노닌다. 왜냐 하면 사물이 오면 얻고 가면 잃어서, 그 득실을 사물에 일임할 뿐 내심에 기뻐하고 근심함이 없기 때문이다.

이와 반대로 사물을 위해서 내가 심부름하는 자는 내가 사물에 예속되어 역경을 당하면 미워하고, 순경을 당하면 사랑하게 되어 조그만 사물에도 집착되고 만다. 이는 모든 사물을 탐내기 때문에 사물의 순역(順逆)에 따라 내심의 애증(愛憎)이 생기기 때문이다.

原文

試思未生之前 有何象貌 又思旣死之後 有何景色 則萬念灰冷 一性寂然 自可超物外而遊象先

讀解

시험 삼아 태어나기 전에 어떤 형체가 있었던가를 생각하고, 또 이미 죽은 후에 무슨 경색(景色)이 있을까를 생각하라. 그러면 만념(萬念)이 재처럼 식어지고, 한결같은 성품이 고요해져서 스스로 물외(物外)에 초월하고 형체가 생기기 이전의 심경에서 노닐 것이다.

[講義]

사람은 태어난 후에라야 형체가 생기는 것이니, 나기 전에 무슨 형체가 있으랴? 그러므로 나기 전에 아무런 형체가 없었음을 생각하면, 만물의 미추(美醜)에 대한 생각이 모두 없어지게 된다. 또 사람은 생존하는 동안에만 형체가 있는 것이니, 이미 죽은 후에야 무슨 형상이 있으랴? 그러니 이미 죽은 후에 아무런 형체도 없음을 생각하면, 빈부·강약 등의 모든 광경이 없어질 것이다.

그러므로 사람이 태어난 후와 죽기 이전의 구구한 생활에 대하여 무슨 참다운 일이 있으랴? 이를 생각하면 불꽃과 같이 타오르던 천만 가지 망상(妄想)이 갑자기 차디찬 재처럼 가라앉고, 오직 하나의 진성(眞性)이 동요하지 않아서 만물이 삶의 밖에 초월하고 만 가지 형체가 생기기 이전에 노닐어 소요(逍遙)가 자유자재하여진다.

[原文]

繩鋸木斷 水滴石穿 學道者須要努力 水到渠成 苽熟蔕落 得道者 一任天機

[讀解]

노끈으로 톱질을 해도 나무가 잘라지고, 물이 떨어져도 돌이 뚫어진다. 그러니 도를 배우는 자는 모름지기 노력해야 할 것이다. 물이 이르면 도랑이 생기고 외가 익으면 꼭지가 떨어지니, 도를 깨친 자는 천기(天機)대로 할 것이다.

[講義]

가느다란 노끈으로 톱질을 해도 쉬지 않고 썰면 큰 나무를 자를 수 있고, 작은 물방울도 자주 떨어져서 오랜 세월이 흐르면 두꺼운 돌을 뚫을 수 있다. 도를 배우는 자는 모름지기 꾸준히 노력하여 게으르게 하거나 중도에 그치는 일이 없어야 할 것이다.

또 물이 닥쳐오면 도랑이 생기고, 외가 익으면 꼭지가 떨어지는 것은 자연의 형세다. 사람이 도를 배우는 것도 이와 같아서 공부를 쌓아 원숙하게 되면 저절로 도를 깨칠 것이니, 사람은 오직 공부를 쌓을 따름이다. 그러나 도를 얻는 결과는 천기(天機)에 일임하고 기대하지 말 것이니, 사업을 경영하는 자도 자기의 심력을 다해서 의무를 행할 뿐이요, 성패의 결과는 물을 것이 아니다.

[原文]

人生原是一傀儡 只要把柄 在手一線不亂 卷舒自由 行止在我 一毫不受他人提掇 便超此場中矣

[讀解]

인생은 원래 하나의 괴뢰다. 다만 고동을 손에 잡고 한 끝도 어지럽지 않게 할 것이다. 또 오므리고 폄이 자유롭고, 행하고 그침이 내게 달려 있어서 털끝만큼도 남의 통제를 받지 않아서 이 극장 속을 초월해야 할 것이다.

[講義]

우주는 만물의 극장이요 인생은 여기에 등장하는 괴뢰들이다. 괴뢰는 자전(字典)에 목우(木偶 : 나무로 만든 사람의 형상)라 하였으니 인조의 기계적인 사람 형상이다. 그 내부의 기관에다 선을 연결하고 그 줄의 한 끝을 조종하는 자, 곧 이면에 있는 우두머리가 잡고, 그 줄로 갖가지 작용을 행했다 그쳤다 한다. 여기서 괴뢰라 함은 이면의 우두머리를 포함한 괴뢰의 전작용을 말한다.

괴뢰의 작용은 극장의 주안점이므로, 우주의 대극장에 주안점이 되는 인생을 괴뢰에 비유한 것이다. 인생이 이미 괴뢰임에는 마땅히 그 주(主) 되는 고동을 제 손에 쥐고 한 가닥도 흐트러지지 않게 놀려야 할 것이다. 그리하여 오므리고 펴기를 자유자재로 하고 행하고, 그침을 내멋대로 하여 조금이라도 남의 통제를 받지 않아서 이 극장 속을 뛰어넘어 나와야 한다.

[原文]

勢利紛華 不近者爲潔 近之而不染者爲尤潔 智械機巧 不知者然高 知之而不用者爲尤高

[讀解]

세리(勢利)의 시끄러움을 가까이하지 않는 자가 깨끗하나, 가까이해도 여기에 물들지 않는 자가 더욱 깨끗하다. 교묘한 슬기는 모르는 자가 고상하나, 알고서도 쓰지 않는 자가 더욱 고상하다.

講義

권세와 명리의 시끄럽고 번화한 곳에는 탐욕과 사치스러운 마음이 일어나서 지조를 잃고 덕의를 손상시키기 쉽다. 그러므로 이런 곳에 접근하지 않는 자가 깨끗하다. 그러나 이런 곳에 가까이하되 탐욕과 사치스러운 마음에 물들지 않아서 지조를 보존하고 덕의를 지킨다면 이야말로 더욱 깨끗한 것이다.

또 교묘한 슬기는 곧 사람을 속이고 쓰러뜨리는 권모술수이다. 이 따위 일을 모르는 이가 고상하나, 이를 알면서도 사용하지 않는 이가 더욱 고상하다.

原文

天地寂然不動 而氣機無息少停 日月晝夜奔馳 而貞明萬古不易 故君子閑時要有喫緊的心思 忙處要有悠閑的趣味

讀解

천지는 적연(寂然)하여 움직이지 않으나, 기상과 기틀은 쉬거나 조금도 멈추는 일이 없다. 일월은 주야로 바삐 돌아가되 밝기는 만고에 바뀌지 않는다. 그러므로 군자는 한가한 때에 끽긴(喫緊)한 심사(心思)가 있어야 하고, 바쁜 곳에 유한(悠閑)한 취미가 있어야 한다.

講義

천지의 형체는 고요해서 움직이지 않아도, 천지의 기상과 기틀은 항상 돌고 움직여서 조금도 쉴 사이가 없다. 해와 달은 밤낮으로 바빠 돌아 갈마들어 머물지 않지만, 해와 달의 빛은 언제나 비쳐서 만고에 변치 않는다. 사람도 마땅히 천지·일월을 본받아서 고요함 속에 움직임이 있고, 움직임 속에 고요함이 있어야 한다.

한가하여 일이 없을 때에는 너무 어둡고 침체하지 말고, 깨우치는 심사가 있어 정신을 기를 것이요, 시끄럽고 번화할 때에는 바쁘게 서둘지 말고, 평담하고 냉정한 한가로운 취미가 있어서 정신을 수양할 것이다.

[原文]
放得功名富貴之心下　便可脫凡　放得道德仁義之心下
纔可入聖

[讀解]

공명과 부귀의 마음을 내버리면 곧장 범속(凡俗)을 벗어날 것이며, 도덕과 인의의 마음을 놓아 버리면 겨우 성인(聖人)의 경지에 들어갈 것이다.

[講義]

공명과 부귀는 탐욕상의 일이니 이것을 바라는 마음이 가슴 속에 있으면, 여러 가지로 세속일에 물들어서 진속(塵俗)의 범부(凡夫)가 되어 버린다. 그러므로 공명과 부귀를 바라는 마음을 내버리면 범부의 경지에서 벗어날 것이다. 또 도덕과 인의의 마음은 실로 선량한 마음이지만, 한결같이 이 마음을 가져 구속되면 또한 도덕과 인의의 노예가 되어 활발하고 자유스러운 본성에 장애가 된다. 그러므로 도덕과 인의의 마음을 놓아 버리고서 저절로 도덕에 맞으면 성인의 경지에 들어갈 것이다. 예를 들면 공자가 '70세에 하고 싶은 대로 행동해도 상규(常規)를 벗어나지 않았다'고 하였으니, '하고 싶은 대로 행동한다'함은 도덕과 인의의 마음에 구속되지 않고 거리낌 없이 내버려 둠을 뜻한다.

原文

吉人無論作用安詳 卽夢寐神魂 無非和氣
凶人無論行事狼戾 卽聲音笑語 渾是殺機

讀解

길인(吉人)은 작용의 안상(安詳)함은 말할 것 없고, 몽매신혼(夢寐神魂)이라도 화기(和氣) 아닌 것이 없다. 흉인(凶人)은 일하는 것의 패려궂음은 물론이고, 목소리와 웃으면서 하는 말까지도 모두 살벌한 기미이다.

講義

좋은 사람이란 덕이 있는 사람이다. 덕이 있는 사람이 하는 일에 대한 작용의 찬찬하고 자세함은 의당한 일이니 군말할 것도 없고, 심상한 꿈속의 신혼(神魂)이라도 실로 봄 바람 같은 화기가 있는 것이다. 이와 반대로 흉한 사람이란, 즉 악독한 사람이다. 악독한 사람은 그가 하는 일이 사나울 것은 예사이므로 말할 것이 못 되지만 보통 때의 목소리, 우스갯소리까지도 살벌한 기미가 서려 있다.

[原文]

人之際遇 有齊有不齊 而能使己獨齊乎 己之情理 有順有不順 能使人皆順乎 以此相觀對治 亦是一方便法門

[讀解]

사람의 제우(際遇)는 가지런한 것도 있고 그렇지 못한 것도 있거늘, 자기 홀로 가지런하게 할 수 있겠는가? 또 자기의 정리(情理)는 순종하는 것도 있고 그렇지 않는 것도 있거늘, 사람으로 하여금 모두 순하게 할 수 있겠는가? 이것으로써 서로 보고 대조적으로 다스리면 역시 한 방편법문(方便法門)인 것이다.

[講義]

사람의 경우는 원만하기가 어려워서 똑같이 가지런할 수도 있고 그렇지 못할 수도 있다. 예를 들면 혹 부귀를 겸했어도 병이 많거나, 혹 명예는 있어도 매우 빈궁함 등의 일이니, 이는 세상의 공통된 결점에서 어찌 자기만 이를 갖추어 지녀서 만족한 경우를 얻고자 하는가?

또 자기의 인정과 도리는 사물에 대해서 순종하는 것도 있고 그렇지 않는 것도 있다. 그런데 어찌 남으로 하여금 모두 내 뜻에 순종케 할 수 있겠는가? 피차 서로 관찰하여 남과 나를 대조적으로 다스려 나의 경우에 결함이 있거든 남의 경우에 틀림이 있음을 관찰하여 근심하지 말며, 남이 나의 마음을 거스르거든 나의 인정과 도리에도 남에게 순종하지 않음이 있음을 미루어 참고 용서하면, 이것이 안심하는 '방편의 법문(法門:佛家의 용어로, 곧 방편의 權便)'을 말함이니라.

原文

欹器以滿覆 樸滿以空全 故君子寧居無 不居有 寧處缺 不處完

讀解

의기(欹器)는 가득 참으로써 엎어지고 박만(樸滿)은 텅 빔으로써 온전한 것이다. 그러므로 군자는 차라리 무(無)에 거(居)할지언정 유(有)에 거하지 않으며, 차라리 결(缺)에 처(處)할지언정 완(完)에 처하지 아니한다.

講義

의기(欹器)는 모양이 좀 비뚤어진 금속제 그릇인데, 물을 부어서 가득 차면 기울게 돼 있다. 박만(樸滿)은 흙으로 만든 그릇인데, 속이 비어 있고 한쪽에 구멍이 있어 돈을 넣어 두는 그릇이다. 이것은 속이 비어 있기 때문에 돈을 넣어 두지만, 만일 속이 차 있으면 아무데도 쓸데가 없어서 버려지게 될 것이므로, 박만은 속이 비어 있음으로써 온전하다고 하는 것이다.

그러므로 군자는 차라리 박만처럼 마음을 비워서 무위(無爲)에 거할지언정 유위에 거하지 말 것이며, 몸을 의기처럼 여지가 있세시리 비게 처할지언정, 가득 차서 메워지게 처하지 말라는 말이다. 이는 불경의 '아공(我空)'과 ≪주역≫의 '만(滿)은 손(損)을 초(超)한다'함과 ≪노자(老子)≫의 '허무'를 합쳐서 덕을 닦고 명(命)을 온전히 하는 방법을 설명한 것이다.

原文

名根未拔者 縱輕千乘 甘一瓢 總墮塵情 客氣未融者 雖澤四海 利萬世 終爲剩技

讀解

 명근(名根)이 발본(拔本)되지 못한 사람은 비록 천승(千乘)이라도 가벼이 여기고 일표(一瓢)를 달게 여기되 모두 세속에 타락하고, 객기가 융화되지 못한 자는 비록 혜택이 천하를 적시고 만세(萬世)를 이롭게 하되 마침내 쓸데없는 재능이 된다.

講義

 천승(千乘)이란 전쟁 때에 병거(兵車) 천승을 내는 나라를 '천승의 나라'라고 한다. 일표(一瓢)라는 것은 안회(顔回)가 한 소쿠리의 밥과 한 바가지의 물로 빈촌에 살면서도 가난을 편안히 여기고 도를 즐겼다 해서 빈궁을 대표하는 말로 쓴다.

 명예를 구하는 마음의 뿌리를 뽑지 못한 자는 비록 천승의 부귀를 가볍게 보고, 가난을 달게 받아도 이를 이용하여 청렴·고결한 명예를 넓히고자 한다면, 이야말로 모두 명예를 위한 이용물에 지나지 않으므로 도리어 세속 인정에 타락한다.

 또 객기가 융화되지 못한 자는 비록 그 혜택이 온 세상에 가하여지고, 이익이 만대에 미치는 공을 이룬다 해도 마침내 그것은 쓸데없는 재주가 되고 만다. 왜냐 하면 호협·추솔한 객기로 인하여 이루어진 공은 진정한 덕의가 아니기 때문이다. 그러므로 진정한 성현군자는 흉중에 한 점의 사욕과 속기(俗氣)가 없는 법이다.

原文

靜中念慮澄徹 見心之眞體 閑中氣像從容 識心之眞機 淡中意趣冲夷 得心之眞味 觀心證道 無如此三者

讀解

고요 속에 생각이 징철(澄撤)하면 마음의 진체(眞體)를 볼 수 있고, 한가 속에 기상(氣象)이 조용하면 마음의 진기(眞機)를 알 수 있으며, 담담함 속에 의취가 온화하면 마음의 참맛을 터득한다. 마음을 살피고 도를 깨닫는 데에는 이 세 가지만한 것이 없다.

講義

고요 속에 모든 생각이 맑고 깨끗하면, 분잡한 망상(妄想)이 없어서 마음의 참됨을 볼 수 있다. 또 한가한 중에 기상이 조용하면 조금도 객기가 없어서 마음의 참 기미를 깨달을 수 있고, 담박한 중에 생각이 깨끗하고 평탄하면, 허황한 욕심이 없어져서 마음의 참맛을 터득할 것이다. 그러므로 마음을 관찰하고 도를 증명하는 요체(要諦)는 이 세 가지만한 것이 없다.

原文

靜中靜 非眞靜 動處靜得來 纔是性天之眞境 樂處樂 非眞樂 苦中樂得來 纔見心體之眞機

讀解

고요 속에 고요한 것은 참다운 고요함이 아니고, 움직이는 곳에서 고요함을 터득해야 겨우 천성의 참다운 경지인 것이다. 즐거운 곳에서 즐기는 것은 참다운 즐거움이 아니고, 괴로운 중에 즐거움을 얻어야만 겨우 마음의 참 기틀을 볼 수 있다.

[講義]

떠들썩한 세속에서 멀리 떨어지고 시끄러운 기운이 아주 끊긴 심산유곡(深山幽谷) 속에 있으면서 고요함을 맛봄은, 고요한 환경을 따라서 고요해진 것이지 저절로 된 참다운 고요함이 아니다. 대포 연기가 하늘을 덮고 사람과 말이 들끓어 땅을 뒤흔드는 소란스러운 곳에서 마음이 진정되고 고요함을 얻어야만, 이야말로 천성에서 우러나오는 참다운 고요함이다.

또 하는 일마다 뜻대로 되는 유쾌한 처지에 있으면서 쾌락을 얻는 것은, 자기의 정욕이 유쾌한 환경에 의하여 즐거운 것이지 자동적인 참 즐거움이 아니다. 기한(飢寒)이 살을 에고 괴로움이 뼈를 저리게 하는 듯한 절박한 고난이 닥쳐와도, 조금도 걱정 없이 유연히 스스로 즐거워하여야 마음속의 참다운 즐거움과 묘한 기틀을 터득한다.

[原文]

不責人小過 不發人陰私 不念人舊惡 三者可以養德 亦可以遠害

[讀解]

남의 조그만 허물을 책망하지 않고, 남의 사사로운

비밀을 발표하지 않고, 남의 과거 잘못을 생각하지 않으면, 이 세 가지가 가히 덕을 존양하고 또한 해(害)를 멀리할 것이다.

[講義]

남의 사소한 과실을 알면서 이를 책망하지 않고, 남의 숨기고 있는 사사로운 일을 알면서도 공중에게 드러내지 않고, 남의 과거 허물을 알면서도 이를 장구히 마음에 두지 않는다면, 이 세 가지가 넉넉히 자기의 덕을 함양하고 넉넉히 바깥에서 닥치는 재해(災害)를 멀리할 수 있을 것이다.

[原文]

衰颯的景象 就在盛滿中 發生的機緘 卽在零落內 故君子居安 宜操一心以慮患 處變 當堅百忍以圖成

[讀解]

쇠삽(衰颯)한 경상(景象)은 성만(盛滿)한 가운데에 숨어 있고, 발생하는 기미는 곧 영락(零落)한 가운데에 있는 것이다. 그러므로 군자는 안거함에 한결같은 마음을 지켜 화난을 생각하고, 변을 당하였을 때에 마땅히 백 번 참기를 굳게 하여 성공을 도모할 것이다.

[講義]

우주의 사물은 일정한 운명이 없어서 성함이 바뀌면 쇠해지고 쇠함이 변전하면 성하여지며, 무성한 다음에는 마르고 마른 후에는 무성하여져 돌고 돌아 끝이 없다. 그러므로 쓸쓸한 경치는 그 조짐이 애초부터 두루 성한 가운데에 숨어 있다. 꽃은 만발(滿發) 속에 이미 떨어져 지는 경치를 포함하고 있고, 사람은 건장하고 영달했을 때에 이미 노쇠하고 궁핍한 씨를 감추고 있는 것이다.

또 만물이 피어오르는 기회는 영락한 가운데에 있다. 풀은 서리 속에 시들었을 때에 일찍이 방초(芳草)가 우거질 근성을 가지고 있고, 사람은 낙척하고 곤궁했을 때에 일찍이 득의하고 성공할 근거를 길러서 모든 일이 변하게 된다. 그러므로 군자는 편안한 곳에 있어도 방탕하거나 게으르게 행동하지 말고, 마땅히 일심을 지켜서 불의의 환난을 예비할 것이며, 혹 실패한 경우에 처하더라도 낙망하지 말고, 백절불굴의 인내로써 최후의 성공을 도모할 것이다.

原文

覺人之詐 不形於言 受人之侮 不動於色 此中有無盡意味 亦有無窮受用

讀解

남의 거짓을 알아도 말에 나타내지 않으며, 남에게 업신여김을 당하여도 얼굴빛을 움직이지 않으면, 이 속에 끝이 없는 의미가 있고 또한 끝없는 수용(受用)이 있는 것이다.

講義

남의 간사함과 거짓을 알아도 알기만 하고 말에 나타내지 않으면 이것은 충서(忠恕)의 도이고, 남에게 업신여김을 당하여도 참고 분한 기색을 얼굴에 나타내지 않으면 이는 극기(克己)의 공부이다. 이 속에 자연히 무한한 의미가 있고 끝없는 수용(受用)이 있는 것이다. 무한한 의미와 끝없는 수용을 몸소 행하고 터득하여 참다운 취지를 스스로 깨달음이 좋다.

原文
君子宜淨拭冷眼 愼勿輕動剛腸
讀解
군자는 마땅히 냉안(冷眼)을 깨끗이 닦고 삼가서, 강직한 마음으로 움직이지 말 것이다.

講義
냉안(冷眼)이라 함은 냉정한 마음으로 보는 눈을 말한다. 사람이 무엇을 구하는 열안(熱眼)으로 사물을 대하면, 반드시 잘못에 빠져서 사물의 진상을 보지 못한다. 그러므로 군자는 영욕에 구애되지 않는 냉안을 깨끗이 닦고 사물을 보아서 공평을 얻을 것이다. 그리고 삼가서 사물을 경영하는 강직한 의지를 경솔히 움직이지 말 것이다. 강직한 의지를 움직이면 사물에 대한 공평을 잃을 뿐 아니라 급박하게 해서 꺾어지는 변이 생기기 쉽다.

原文
德隨量進 量由識長 故欲厚其德 不可不弘其量 欲弘其量 不可不大其識
讀解
덕은 양(量)을 따라 나아가고 양은 앎을 말미암아 자란다. 그러므로 그 덕을 두텁게 하려면 그 양을 넓히지 않을 수 없고, 그 양을 넓히려면 그 앎을 크게 하지 않을 수 없다.

[講義]

도덕은 그 사람의 도량을 따라 증진하니 도량이 넓으면 도덕도 두텁다. 도량은 그 사람의 식견으로 인해서 더욱 자라나니 식견이 크면 도량도 넓다. 그러므로 그 덕을 두텁게 하려면 먼저 그 도량을 넓게 하고, 그 도량을 넓히려면 먼저 그 식견을 키워야 하는 것이다.

[原文]

交市人 不如友山翁 謁朱門 不如親白屋 聽街談巷語 不如聞樵歌牧詠 談今人失德過擧 不如述古人嘉言懿行

[讀解]

시인(市人)을 사귐이 산옹(山翁)을 벗하는 것보다 못하고, 주문(朱門)을 찾음이 백옥(白屋)을 친하는 것만 못하고, 가담항어(街談巷語)를 들음이 나무꾼이나 목동의 노래를 듣는 것만 못하고, 요새 사람의 실덕(失德)한 지나친 행동을 말함이 옛 사람들의 가언선행(嘉言善行)을 말함보다 못하다.

[講義]

시정 사람을 사귀면 경박한 모리(謀利)에 물들기 쉬우니, 산촌의 늙은이를 사귀어서 질박한 풍도를 보는 것이 낫다. 붉은 칠을 한 관문(官門)에 출입해서 권세를 부리는 고관들을 보면 가까이 아첨하여 깨끗한 지조를 잃기 쉬우니, 청빈한 초가를 찾아 고결한 선비와 친해서 담박한 지조를 배움이 낫다.

또 시정배들의 비루한 속담을 들으면 마음이 거칠어지기 쉬우니, 나무꾼이나 목동의 거짓 없는 노래를 들어 시골의 맑은 정취를 일으킴이 낫다. 요새 사람의 실덕(失德)한 일들을 이야기하여 남의 단점을 토론하면 남의 원한을 받기 쉬우니, 옛 사람의 가언선행을 이야기해서 자기의 수양을 유익하게 함이 낫다. 사람이 외부의 시비·곡직을 가려 자기 수양의 밑천으로 삼으면 저절로 고상한 인격을 이룰 수 있다.

原文

信人者 人未必盡誠 己則獨誠矣 疑人者 人未必皆詐 己則先詐矣

讀解

남을 믿는 자는, 남은 반드시 다 성실치 못해도 자기만은 성실하다. 남을 의심하는 사람은, 남은 반드시 모두 거짓되지 않지만 자기가 먼저 거짓된다.

講義

내가 남을 신용하는 데에 있어서 그 신용을 입는 자는 일일이 다 성실하지 못하여, 간혹 나를 속이는 자가 있더라도 내가 믿는 마음만은 성실하다. 이와 반대로 내가 남을 의심함에 있어 그 의심을 받는 남은 일일이 거짓되지 않아 도리어 충직하고 믿음직스러운 자가 있겠지만, 내가 남을 의심하는 마음은 먼저 거짓된다.

原文

爲善不見其益 如草裡東苽 自應暗長 爲惡不見其損 如庭前春雪 當必潛消

讀解

착한 일을 하면, 그 이익을 눈으로 보지 못해도 풀 속의 줄(식물의 일종)과 같아서 저절로 자라고 있다. 악한 일을 하면, 그 손해는 눈으로 보지 못하여도 뜰 앞의 봄눈과 같아서 반드시 녹아 없어지는 것이다.

講義

착한 일을 하면 그 이익을 눈으로 보지는 못한다. 그러나 보지 못하는 중에 자연히 이익이 자라나서 마치 풀 속에 난 줄(식물)이 점점 자라는 것과 같다. 또 악한 일을 하면 그 손해 되는 것은 눈으로 보지 못한다. 그러나 보이지 않는 가운데에 자연히 없어져서 뜰 앞의 봄눈이 녹는 형적은 보지 못하나 모르는 새에 녹아 버리는 것과 같다.

그러므로 이익이 눈앞에 나타나지 않는다 해서 착한 일을 행하지 않을 수 없으며, 손해가 금세 보이지 않는다고 해서 악한 일을 해서는 안 된다.

原文

遇故舊之交 意氣要愈新 處隱微之事 心迹宜愈顯 待衰朽之人 恩禮當愈隆

讀解

옛 친구를 만나면 의기(意氣)를 더욱 새롭게 해야 하

고, 은미(隱微)한 일에 처하면 마음속을 더욱 드러내야 하며, 쇠하고 보잘것없는 사람을 대우함에는 은례(恩禮)를 더욱 융숭하게 해야 한다.

[講義]

사람들은 새로 사귀는 이를 대하기는 신중히 하지만, 옛 친구를 만나면 소홀히 하기 쉽다. 이를 반성하여 살펴 옛 친구를 만나면 정의와 기상을 친밀하고 새롭게 하여 소홀함이 없게 해야 한다. 또 사람은 훤한 공중 앞에서는 일을 공정히 하려 하나, 남이 보지 않는 곳에서는 스스로 제 마음을 속이는 일을 행하기 쉽다. 이를 삼가서 남이 보고 듣지 않는 곳에서 은미한 일을 행하는 데에 마음속을 더욱 드러내어 스스로를 속이는 폐단을 막아야 한다.

또 세력과 운수가 전성한 사람을 대우함에는 우월히 하되, 궁하고 실패한 사람을 대우하는 데에는 경솔히 하기 쉽다. 그러니 이를 경계하여 궁한 사람을 대우하는 데에 은의와 예법을 한층 융숭하게 해서 경멸하는 과오를 바로잡아야 한다.

[原文]

能脫俗 便是奇 作意尚奇者 不爲奇 而爲異
不合汚 便是淸 絶俗求淸者 不爲淸 而爲激

[讀解]

능히 속됨을 벗어나면 곧 기이한 것이니, 고의로 기이함을 숭상하는 자는 기이함이 되지 못하고 이상한 것이 된다. 더러움이 섞이지 않으면 곧 맑은 것이니, 속됨을 끊어서 맑은 것을 구하는 자는 맑은 것이 되지 못하고 격(激)한 것이 된다.

講義

사람이 범속한 소굴을 벗어나면 그를 기인(奇人)이라 한다. 그러나 억지로 기이한 일을 숭상해서 하는 자는 기인이 아니고 괴이한 사람이 된다. 또 사람이 더러운 탐욕에 물들지 않으면 곧 이것이 깨끗한 지조이다. 그러나 만일 세속을 떠나서 깨끗한 지조만을 구하는 자는 이것이 깨끗한 지조가 아니라 과격한 사람이 된다.

原文

我貴而人奉之 奉此峨冠大帶也 我賤而人侮之 侮此布衣草履也 然則原非奉我 我胡爲喜 原非侮我 我胡爲怒

讀解

나를 귀하다고 남이 받드는 것은 이 아관(峨冠)과 대대(大帶)를 받드는 것이다. 나를 천하다고 남이 업신여기는 것은 이 포의(布衣)와 초리(草履)를 업신여김이다. 그렇다면 원래 나를 받드는 것이 아닌데 내가 어찌 기뻐할 것이며, 원래 나를 업신여기는 것이 아닌데 내가 어찌 노여워하겠는가?

講義

세상 인정은 사람의 귀천에 따라 그 대우의 차이가 있다. 만일 남이 나를 대우코자 하면 귀천의 경우를 분별 않고 똑같이 대우해야 하는데, 내가 귀할 때에는 공손히 대우하고 내가 천할 때에는 경멸한다. 이는 나를 대우하는 것이 아니요, 나의 귀천의 처지를 대우하는 것이다.

그렇다면 나를 잘 받드는 것은 본래부터 내가 쓴 높다란 관과 띠고 있는 큰 띠를 받드는 것이니, 내가 어찌 그 대우를 받고 기뻐할 까닭이 있으랴? 또 나를 업신여기는 것은 본래부터 업신여김이 아니고, 내가 입은 베옷과 신고 있는 짚신을 업신여김이니, 내가 어찌 그 업신여김을 노여워하랴?

[原文]

無事時 心易昏冥 宜寂寂而照以惺惺 有事時 心易奔逸 宜惺惺而主以寂寂

[讀解]

일이 없을 때에는 마음이 어둡기 쉬우니, 마땅히 적적히 하되 깨침으로 비춰 인도해야 한다. 일이 있을 때에는 마음이 바쁘기 쉬우니, 마땅히 깨닫게 하되 적적함을 위주해야 한다.

[講義]

사람이 일이 없어 한가로울 때에는 마음이 가라앉아서 어두워지기 쉽다. 이런 때에는 마땅히 마음을 조용히 하여 시끄럽게 하지 말 것이지만, 스스로 깨닫는 기회를 가져서 어두운 병통을 없애야 한다. 또 일이 있어 바쁠 때에는 마음이 사나운 말처럼 빨리 달리기 쉽다. 이럴 때에는 마땅히 마음을 깨우쳐서 어둡고 침체되지 말게 해야 하되, 본체인 조용함을 위주하여 산란한 병통을 막아야 한다.

이는 사람이 항상 고요한 가운데에서 움직이는 기틀을 잊지 않고, 움직이는 가운데에 고요한 바탕을 잃지 말라는 말이다.

原文

議事者 身在事外 宜悉利害之情 任事者 身居事中 當忘利害之慮

讀解

일을 의논하는 자는 몸이 그 일 밖에 있어서 마땅히 이해(利害)의 형편을 알아야 한다. 일을 맡은 사람은 몸이 그 일 속에 있어서 마땅히 득실의 생각을 잊어야 한다.

講義

일을 의논하여 시비를 결정하는 자는 자신을 그 사건의 밖에 두고서 냉정한 눈으로 이해의 형편을 두루 살펴서 공정하게 결정지어야 한다. 만일 일을 의논하는 자가 자신을 그 사건 속에 두면 자신과 사건 사이에 이해·득실의 관계가 생겨 편벽되이 사사로움에 끌리기 쉬우므로 간혹 '당국자 미혹'의 폐단이 생겨 올바른 판결을 내리기 어렵다. 근세 각국에 법률을 평의·결정하는 입법 기관, 즉 의원(議院)을 행정·사법 두 기관과 별도로 설치하여 그 권한을 서로 침월하지 아니함은 이러한 의미다.

또 일의 실행을 맡은 자는 자신을 그 사건 속에 두어 이해를 불문코 갖가지 의심을 타파·망각하고 한결같이 똑바로 감행해야 한다. 만일 일을 맡은 자가 자신을 그 사건 밖에 두고서 문외한(門外漢)처럼 행동하면, 일에 대한 성의가 냉담해져서 마침내 그 일을 가려 결정하지 못할 것이다.

[原文]

忙裏要偸閒 須先向閒時 討箇欛柄 鬧中要取靜 須先從靜處 立個主宰 不然未有不因境而遷 隨事而靡者

[讀解]

바쁜 가운데에 한가함을 얻으려면 우선 한가한 때를 향하여 칼 한 자루로 쳐야 한다. 시끄러운 가운데에서 고요함을 구하려면, 우선 고요한 곳을 따라서 한 가지 주재(主宰)를 세워야 한다. 그렇지 않으면 환경으로 인해 바뀌고 일을 따라 쏠리지 않는 자가 없으리라.

[講義]

 일이 많아 번거롭고 바쁜 가운데에 있으면서 평안하고 한가로운 취미를 가지고자 하면, 먼저 일이 없고 한가한 때에 마음을 수련하여 한가롭고 분망함을 맘대로 갖는 마음의 칼자루를 구해 두어야 한다. 또 시끄럽고 소란한 가운데에 있으면서 냉정한 도량을 취하고자 하면, 먼저 고요하고 한가로운 처지를 따라서 움직이고 고요함에 구애되지 않는 마음의 주재(主宰)를 세워 두어야 한다.

 만일 그렇지 않으면 바깥 환경으로 인하여 변천하고 일의 변천에 따라서 쏠릴 것이니, 영웅이 전쟁의 총망한 진중에서도 한가로운 마음을 가져, 자연의 시가(詩歌)를 음미하며 여유작작한 취미를 가져야 하고, 위인(偉人)이 서릿발같은 창칼과 우레 같은 호령 가운데에 죽음과 삶의 큰 변을 당하여도 마음이 흐트러지지 않고 행동이 태연한 것은, 모두 한가한 때에 칼자루를 준비하고 고요하게 처할 때에 마음의 주재를 세운 까닭이다.

原文

寧爲小人所忌毁 毋爲小人所媚悅 寧爲君子所責脩 毋
爲君子所包容

讀解

차라리 소인의 기훼(忌毁)하는 바가 될지언정 소인의
미열(媚悅)하는 바가 되지 말 것이며, 차라리 군자의
책수(責修)하는 바가 될지언정 군자의 포용(包容)하는
바가 되지 말 것이다.

講義

방정·강직한 군자는 반드시 거짓된 소인의 기탄과 비방을
받는다. 이욕을 탐하고 어리석은 사람은 반드시 아첨하는 소
인의 알랑거림에 유혹된다. 그러므로 차라리 방정·강직하여
거짓된 소인의 기탄과 비방을 받는 사람이 될지언정 어리석고
이욕을 탐내어 아첨하여 알랑거리는 소인이 되지 말 것이다.

또 학문이 깊고 덕이 높은 군자는 수재(秀才) 학도와 같은
중간 정도 이상 되는 사람의 과실을 보면 반드시 충고하여 고
치도록 권한다. 그러나 지극히 어리석고 열등한 하류(下類)의
허물을 보면, 너그럽게 용서하고 포용하여 호된 책망을 하지
않는다. 그러므로 차라리 군자의 책망을 받는 중류인이 될지
언정 군자의 포용을 받는 소인은 되지 말아야 한다. 그리하여
우열을 비교·선택하여 차라리 이쪽 우(優)에 처할지언정 저
쪽 열(劣)에 처하지 말라 함이다.

原文

受人之恩 雖深不報 怨則淺亦報之 聞人之惡 雖隱不疑 善則顯亦疑之 此刻之極 薄之尤也 宜切戒之

讀解

남의 은혜를 받으면 아무리 깊어도 갚지 않고 원한은 얕아도 역시 갚아야 한다. 남의 악을 들으면 아무리 숨겨진 것이라도 의심하지 않고, 착한 일은 드러나되 역시 의심하면 이는 각박하여 매우 잘못됨이니 마땅히 경계해야 한다.

講義

남에게 받은 은덕은 아무리 큰 것이라도 갚지 않고, 남에게 받은 원한은 아무리 적어도 반드시 갚아야 한다. 또 남의 나쁜 일을 들으면 그 일이 숨겨져 분명치 않아도 이를 의심치 않고, 남의 착한 일을 들으면 그 일이 아무리 드러나서 확실하더라도 믿지 않으면 이는 인정상 지나치게 각박한 것이니 마땅히 깊이 경계해야 한다.

原文

讒夫毁士 如寸雲蔽日 不久自明 媚子阿人 似隙風侵肌 不覺其損

讀解

참부(讒夫)와 훼사(毁士)는 조그만 구름이 해를 가리는 것과 같아서 머지 않아 저절로 밝아진다. 미자(媚

子)와 아인(阿人)은 틈으로 새어드는 바람이 살을 스치는 것과 같아서 그 손해됨을 감각하지 못한다.

[講義]

　남을 참소하는 사람과 남을 비방하는 자는 조그만 구름이 태양을 가린 것과 같아서 오래지 않아 저절로 밝아진다. 조그만 조각 구름이 태양의 광선을 가리면 일시의 얇은 그늘은 생기지만, 금세 바람이 불어 구름이 흩어지면 태양의 밝은 빛은 다시 회복된다. 이와 같이 사람이 아무리 나를 참소하고 비방하더라도 나에게 실지의 과실이 없으면 자연히 나의 진상이 나타날 것이다.

　또 나에게 아첨하고 미소를 보내는 자는 창 틈으로 바람이 새어들어 피부를 스치는 것과 같아서 당장은 그 손해를 느끼지 못한다. 조그만 창틈으로 들어오는 바람은 그 자취가 몹시 적어서 별로 깊은 관계가 없을 것 같지만, 이것이 점점 새어들면 마침내 심상치 않은 질병에 걸려 혹독한 손해를 입는다.

　이와 같이 나에게 아부하고 미소를 던지는 자는 달콤한 말과 부드러운 태도로 일마다 순종하여 큰 손해를 끼치지 않을 것 같지만, 오래도록 가까이하면 편사(偏私)의 애욕에 빠지게 되니 실로 두려운 일이다. 근세 사람들은 참소하고 비방하는 자는 독사처럼 미워하고, 아부하며 미소짓는 자는 엿처럼 좋아하는 자가 많으니 삼가지 않을 수 없다.

[原文]

　日旣暮 而猶烟霞絢爛 歲將晚 而更橙橘芳馨 故末路晚年 君子更宜精神百倍

讀解

날이 이미 저물었어도 오히려 연하(烟霞)가 현란하고, 한 해가 저물려 해도 다시 등귤(橙橘)이 꽃답게 향기롭다. 그러므로 말로(末路)나 만년(晩年)이 될수록 군자는 더욱 정신을 백 배나 새롭게 해야 한다.

講義

해 그림자가 서산에 박두하여 저녁 빛이 이르러도 푸른 연기와 붉은 놀은 저녁 햇빛을 띠어 현란한 색채를 극하고, 한 해가 저물어 깊은 겨울이 닥쳐왔는데도 누른 등자(橙子)와 푸른 귤은 눈 속에서 오히려 향기를 풍긴다. 사람도 이와 같아서 비록 늘그막에 이르러도 찬란한 공을 이루는 일이 있다.

그러므로 사람이 말로(末路)나 만년에 이를수록 군자는 더욱 정신을 가다듬어 게으름이 없어야 한다.

原文

居盈滿者 如水之將溢未溢 切忌再加一滴 處危急者 如木之將折未折 切忌再加一搦

讀解

영만(盈滿)에 거(居)하는 자는 물이 넘치려다가 아직 넘치지 않는 것과 같으니, 한 방울 더 보태기를 절실히 꺼릴 것이다. 위급함에 처하는 자는 나무가 부러지려다가 아직 부러지지 않은 것과 같으니, 한 번 더 흔들기를 절실히 꺼릴 것이다.

講義

 공명(功名)이 가득 차서 전성의 극도에 달한 자는 물이 그릇에 가득 차서 당장 넘치려다가 아직 넘치지 않는 것과 같다. 이런 경우에 물 한 방울을 더 부으면 반드시 넘쳐흐르고 만다. 이와 같이 가득 찬 지위에 있는 자가 오히려 부족한 생각이 들어서 다시 더 올라가기를 바라면 도리어 실패하여 넘어지게 된다.

 또 위급한 경우에 처한 자는 마치 나무가 금세 부러질 듯하면서 아직 부러지지 않는 것과 같다. 이런 경우에 다시 한 번 흔들면 이 나무는 반드시 부러질 것이다. 이와 같이 위급한 경우에 처한 자가 근신하지 않고 더욱 과격한 일을 하면 반드시 화를 입게 마련이다.

原文

節義之人 濟以和衷 纔不啓忿爭之路
功名之士 承以謙德 方不開嫉妬之門

讀解

 절의(節義)를 지키는 사람은 화충(和衷)한 마음으로 일을 처리해서 분쟁(忿爭)의 길을 열지 않고, 공명(功名)을 이룬 선비는 겸덕(謙德)으로 이어받아서 바야흐로 질투의 문을 열어 주지 말 것이다.

講義

 절개와 의리를 숭상하는 사람의 결점은 급하고 과격하여 남의 그른 것을 보면 분노하여 투쟁하기 쉽다. 그러므로 온화한 마음으로써 그 급격함을 다스려 성이 나서 다투는 길을 막아야 한다. 또 공명을 숭상하는 선비의 결점은 오만하고 스스로 잘난 체하여, 자기보다 나은 사람을 보면 시기하고 질투하기 쉽다. 이런 사람은 겸손한 덕으로써 그 마음을 다스려 질투의 문을 닫아야 한다.

原文

善讀書者 要讀到手舞足蹈處 方不落筌蹄 善觀物者 要觀到心融神洽時 方不泥迹象

讀解

책을 잘 읽는 자는 읽어서 수무족도(手舞足蹈)하는 경지에 이르게 되어야 바야흐로 전제(筌蹄)에 떨어지지 않는다. 또 물건을 잘 관찰하는 사람은 관찰하여 마음이 융화하는 시기에 도달해야 비로소 현상에 집착되지 않는다.

講義

전제(筌蹄)는 물고기를 잡는 통발과 토끼를 잡는 올가미다. 책은 자기의 이상을 터득하기 위하여 보는 것이요, 전제는 물고기와 토끼를 잡기 위하여 놓는 덫이다. 책 속의 이상을 알면 마땅히 문자를 버릴 것이고, 물고기와 토끼를 잡으면 마땅히 전제를 잊을 덫이다. 그러므로 책을 잘 읽는 자는 숙독하고 완미(玩味)함으로써 그 뜻을 해득하여 몹시 좋아서 날뜀을 깨닫지 못하는 묘경에 이르러야만, 전제 따위의 문자를 연구하는 어리석음에 떨어지지 않을 것이다.

또 물건을 잘 관찰하는 자는 마땅히 물건 이치의 진상을 관찰하여 심사가 융화해지고, 정신이 흡족해지는 묘경에 이르러야만 그 표면의 물체에 구속되지 않는 것이다. 그러므로 어떠한 사물을 대하든지 그 이면의 진상을 보아서 알고, 그 외경에 구속되지 말 것이다.

[原文]

至人何思何慮 愚人不識不知 可與論學 亦可與建功 唯中才的人 多一番思慮知識 便多一番臆度猜疑 事事難與下手

[讀解]

지인(至人)은 무엇을 생각하고 무엇을 근심하랴? 우인(愚人)은 알지 못하고 견식도 없다. 이런 사람과는 가히 더불어 학문을 의논하고 또한 공을 세울 수 있다. 그러나 오직 중재(中才)의 사람은 한쪽으로 사려(思慮)와 지식이 많으면, 한편으로는 억측과 시기가 많아서 일마다 함께 손쓸 수 없다.

[講義]

지인(至人)이란 지혜와 덕이 원만해서 지극히 착한 경지에 도달한 사람을 말한다. 이러한 사람은 생각하는 공을 더하지 않아도 자연히 사리에 융화되어 막히는 데가 없다. 또 어리석은 사람은 지식이 없어서 스스로 해석하는 힘이 없기 때문에, 남의 지도를 받아들여 거역하지 않는다. 지인은 스승으로 삼을 만하고, 어리석은 사람을 지도할 수 있으므로 함께 학술을 논할 수 있고, 또 더불어 공업(功業)을 세울 수 있다.

그러나 오직 지인의 경지에도 미치지 못하고 어리석은 사람보다는 조금 나은 중등의 재주를 가진 사람은 모를 듯 알 듯한 중간에 있기 때문에 사려와 지식이 많고, 그 사려와 지식을 따라서 억측이나 시기가 많아서 일마다 손을 뻗쳐 함께 하기 어렵다.

原文

口乃心之門 守口不密 洩盡眞機
意乃心之足 防意不嚴 走盡邪蹊

讀解

'입은 마음의 문'이니, 입 지키기를 단단히 하지 못하면 기밀을 누설시킬 것이다. '의지는 마음의 발'이니, 의지 억누르기를 엄격하게 하지 못하면 사악(邪惡)의 지름길로 달리게 된다.

講義

입이란 마음의 사상을 음성으로 발표하는 곳이다. 마음이 입을 따라 발로됨이 사람이 문으로 나가는 것과 같으므로, 입은 마음의 문이라 한다. 이 입을 신중히 지키지 않으면, 심중에 비장(秘藏)한 기밀을 누설하여 혹 뜻밖의 재앙을 초래하게 된다.

또 의지는 마음이 움직이는 실마리다. 마음의 본체는 사람마다 다 같으나, 의식의 작용을 따라서 선악의 차별이 나타나는 것이다. 그러니 마음이 의지에 따라서 변동함이 사람이 발을 따라 옮겨지는 것과 같으므로, '의지는 마음의 발'이라 한 것이다. 이 의지를 엄하게 지키지 않으면, 간사하고 악한 지름길로 치달려서 죄악에 빠지기 쉽다. 그러므로 사람은 마땅히 입을 단단히 지키고 의지를 엄하게 눌러서 뜻밖의 화를 피해야 한다.

[原文]

子弟者 大人之胚胎 秀才者 士夫之胚胎 此時若火力不到 陶鑄不純 他日涉世立朝 終難成個令器

[讀解]

자제(子弟)는 대인(大人)의 배태(胚胎)요 수재(秀才)는 사부(士夫)의 배태다. 이때에 만일 화력(火力)이 이르지 못해서 도주(陶鑄)가 순정(純正)하지 못하면, 뒷날 세상을 살아가고 조정에 서는 데에 있어 마침내 하나의 영기(令器)를 이루기 어려울 것이다.

[講義]

어린 아들이나 아우는 훗날 어른이 될 싹이요, 수재(秀才)는 후일 사대부(士大夫)가 될 싹이다. 수재는 과거에 급제한 사람을 말한다. 이러한 자제와 수재로 있을 때에 맹렬한 화력을 가해서 토기를 굽고, 금을 녹이는 것처럼 엄격한 교육을 해서 심신을 단련하지 않으면, 뒷날 어른이 되어 세상을 살아가고 사대부가 되어 조정에 서게 될 때에 위대한 인물이 될 수 없다.

그러므로 사람은 어렸을 때에 엄한 가정 교육을 받고, 수재로 있을 때에 진실한 사회의 학문을 넓혀서 이해와 실천을 겸해 닦아서 후일 유용한 좋은 인물이 되게 해야 한다.

原文

君子處患難而不憂　當宴遊而惕慮　遇權豪而不懼　對惸獨而驚心

讀解

군자는 환난에 처해도 근심하지 않고, 연유(宴遊)를 당해도 마음을 가다듬는다. 권호(權豪)를 만나도 두려워하지 않고 경독(惸獨)을 대하면 마음속으로 매우 놀란다.

講義

군자는 환난과 곤궁에 처해도 순순히 받아들이고 스스로 격려해서 근심하지 않고, 술과 음악이 질탕한 연회석을 당해서도 마음을 가다듬어 여기에 탐닉되어 음란에 빠지지 않게 해야 한다. 권세가 있고 위엄이 대단한 사람을 만나도 자기 몸을 바르게 하고, 예의를 다하여 추호도 두려워하거나 위축되지 않는다. 또 외롭고 곤궁한 사람을 대하면 가련한 마음이 움직이고 구제할 도리를 생각하는 것이다.

原文

桃李雖艶　何如松蒼栢翠之堅貞　梨杏雖甘　何如橙黃橘綠之馨冽　信乎濃夭不及談久　早秀不如晚成

讀解

도리(桃李)가 아무리 고와도 어찌 송백(松栢)이 퍼래

서 견정(堅貞)한 것만하랴? 이행(梨杏)이 아무리 달지만 어찌 등자(橙子)가 누르고 귤이 파래서 향기가 나는 것만하랴? 믿을지어다. 농요(濃夭)는 담구(淡久)한 것만 같지 못하고, 조수(早秀)가 만성(晚成)한 것만 같지 못함을.

[講義]

　복숭아나 오얏꽃은 한때 봄철에 고운 빛을 자랑하지만, 풍우가 한 번 이르면 낭자하게 꽃이 져서 사람들의 탄식을 더해 준다. 그러니 푸른 소나무와 잣나무가 추위를 맞으면서도 항상 싱싱한 빛을 변치 않고 굳은 절개와 지조를 보존하는 것만 하랴?

　또 배와 살구는 그 맛이 비록 달지만 이그러지고 썩기가 쉬우니, 누른 등자와 푸른 귤이 향기로운 맛을 오랫동안 보존하는 것만하랴? 이와 같이 농후(濃厚)하면서도 쉽게 사라짐은 담박하면서도 오래 보존하는 것만 못하고, 조속한 빼어남이 늦게 성취하는 것만 못한 것이다. 사람도 이와 같아서 경박한 재주가 견고한 절개만 못하고, 부유하면서 쉽게 변하는 이욕을 탐하는 것보다는 담박하면서도 오래가는 도덕을 지키는 것이 옳다.

[原文]
風恬浪靜中 見人生之眞境 味淡聲希處 識心體之本然
[讀解]
바람이 쉬고 물결이 고요한 가운데에 생의 진경(眞

境)을 보며, 맛이 담박하고 소리가 희미한 곳에 심체(心體)의 본연을 알 수 있다.

[講義]

대륙에 풍진이 쉬고 바다에 물결이 고요하여 모든 물건이 조용하고 티끌 하나도 움직이지 않는 한적한 곳에 있으면 모든 사물과의 관계가 끊어지기 때문에, 지혜 있고 어리석은 사람의 차별이 다 사라져서 평등한 인생의 참다운 경지를 볼 수 있다. 또 취미가 담박하고 성색(聲色)이 희미해서 호악(好惡)의 구별이 없는 곳에 있으면, 일체의 망령된 생각이 움직이지 않아서 영묘한 마음 바탕의 근본을 알 수 있다.

[原文]

鶯花茂而山濃谷艷 總是乾坤之幻境 水盡木落而石瘦崖枯 纔見天地之眞吾

[讀解]

꾀꼬리가 울고 꽃이 피어 산이 무르익고 골짜기가 고우면, 이는 모든 건곤(乾坤)의 환상적인 경지요, 물이 마르고 나뭇잎이 떨어져 돌도 파리하고 언덕도 메마르면, 이에 비로소 천지의 진상(眞相)을 볼 수 있다.

[講義]

봄에 꾀꼬리가 노래하고 수많은 꽃이 만발하여 산 경치가 무르익고 골짜기 경치도 고와져서 만물이 변화하면, 이는 모두 건곤의 일시적이고 환상적인 경지다. 또 가을이 지나 물이 끊어지고 나뭇잎도 모두 떨어지며, 바위도 수척하고 언덕도 메말라서 삼라만상이 흔들려 떨어져 청소되면 비로소 천지의 실체를 볼 수 있다.

[原文]

歲月本長 而忙者自促 天地本寬 而鄙者自隘 風花雪月本閑 而勞攘者自冗

[讀解]

세월은 본래 길거늘 바쁜 자가 스스로 재촉하고, 천지는 본래 너그럽거늘 비루한 자가 스스로 편협하고, 바람과 꽃, 눈과 달은 본래 한가롭거늘 애쓰는 자가 스스로 바쁜 것이다.

[講義]

세월은 장구하고 무궁한데, 분망한 자는 공연히 재촉하여 일생을 분주하게 틈 없이 보낸다. 천지는 광활하여 사람마다 도처에 맘대로 놀고 자유로이 활용할 땅이 있는데도 비루하고, 용렬한 자는 공연히 마음이 편협하여 넓은 우주 사이에 제 일신을 용납하기 어렵다.

또 맑은 바람, 밝은 달, 고운 꽃, 흰 눈은 한가롭고 아름다워 사람이 즐기기에 넉넉하다. 그런데 애쓰는 자는 괜히 바빠 이러한 천연의 경치를 괴롭고 무미하게 보아 지나치고 만다.

[原文]

熱不必除 而除此熱惱 身常在淸凉臺上 窮不可遣 而遣此窮愁 心常居安樂窩中

|讀解|

 열(熱)은 반드시 없애지 못한다. 그런데 이 열뇌(熱惱)를 없앤다면 몸은 항상 청량(淸凉)한 대상(臺上)에 있는 것이다. 또 궁한 것은 잊을 수 없다. 그런데 이 궁수(窮愁)를 잊으면 마음은 항상 안락한 집에 있을 것이다.

|講義|

 여름철 더위가 혹심하여 쇠와 돌을 녹이고 흙과 나무를 태우게 되면, 사람은 반드시 그 더위를 이기지 못하여 혹 서늘한 곳을 찾아가기도 하고 혹 부채질을 하는 등 갖가지 방법으로 더위를 쫓고자 한다. 그러나 이렇게 하면 몸의 괴로움을 없애지 못할 뿐만 아니라, 도리어 마음속의 열뇌(熱惱)를 더하게 된다. 그러므로 바깥 더위를 없애려고 하지 말고, 마음속의 열뇌를 없애 서늘하고 고요한 자세를 취하면, 일신이 항상 청량한 집 위에 있는 것 같아서 조금도 더위를 느끼지 않을 것이다.

 또 사람이 곤궁함을 당하면 그 곤궁을 견디지 못하여 근심하게 된다. 그러나 곤궁은 사람의 일시적 경우일 뿐이요 사람의 정신을 침해하지 못한다. 아무리 곤궁에 처하여도 이 곤궁에 대한 근심을 없애면, 마음은 항상 안락한 집에 있게 되어 자연히 한가로움을 터득할 것이다.

|原文|

嗜寂者 觀白雲幽石而通玄 趨榮者 見清歌妙舞而忘倦

惟自得之士 無喧寂 無榮枯 無往非自適之天

[讀解]

적적함을 즐기는 자는 백운(白雲)·유석(幽石)을 보고서 깊은 이치를 통달하고, 영화를 따르는 자는 청가(淸歌)·묘무(妙舞)를 보면서 게으름을 잊는다. 오직 자득(自得)의 선비라야 시끄러움과 고요함이 없고 영고(榮枯)가 없어, 어디를 가나 자적(自適)의 취미가 아닌 것이 없다.

[講義]

시끄러움을 피하고 고요함을 즐기는 자는 세속을 멀리 떠난 산림 속의 흰 구름이나 말없는 돌을 보면, 한가롭게 마음을 수양하여 깊은 이치를 통달하게 된다. 또 적막함을 싫어하고 번화로움을 즐기는 자는 맑은 노래와 아름다운 춤을 보면, 마음이 취하고 정신이 호탕하여 피로와 게으름을 잊는다. 이는 고요함과 번화로움의 두 가지가 서로 다르지만 모두 한쪽으로 치우친 폐단이 있어, 좋아하고 싫어함과 취(取)하고 버리는 고통이 있는 것이다.

그러나 오직 아무 일에나 막히지 않고 한가롭게 자득한 선비는 시끄럽고 고요함, 좋아하고 싫어함이나 영화롭고 곤궁함을 취사(取捨)함이 없으므로 봄 동산에 꽃이 만발하고 번화하여 소란한 가운데에서도 족히 백운과 유석(幽石)의 고요한 취미를 얻고, 청산유수의 정적에서도 가무의 오락을 볼 수 있으니, 어디로 가든지 자유로운 취미가 아닌 것이 없다.

原文

悠長之趣 不得於醲釅 而得於啜菽飮水 惆悵之懷 不生於枯寂 而生於品竹調絲 固知濃處味常短 淡中趣獨眞也

讀解

 길고 오랜 맛은 좋은 술과 강한 식초에서 얻지 못하고, 악식을 먹고 물을 마시는 데에서 얻어진다. 실심하여 탄식하는 회포는 활기 없고 쓸쓸함에서 생기지 않고, 피리를 불고 거문고를 뜯는 데에서 생긴다. 진실로 농후하면 맛이 항상 짧고, 담박한 가운데에서 독특한 진미를 알 수 있다.

講義

 길고 오래 가는 청취는 좋은 술과 맛있는 식초 따위에 있는 것이 아니고, 악식을 먹고 물을 마시는 담박한 가운데에서 얻는 것이다. 실심하여 탄식하는 슬픈 원한의 감회는 조용히 생각하고 홀로 앉아 있는 고적한 곳에서 생기는 것이 아니다. 피리를 불고 거문고를 뜯는 유연(悠然)하고 급박한 소리는 원망하고 사모하는 듯한 속에서 생기는 것이다.

 이렇게 보면 좋은 음식과 짙은 음악이 있는 곳에는 그 즐거움이 오히려 짧고, 악식 먹고 물 마시는 활기 없이 쓸쓸하고 담박한 가운데에는 취미가 유독 참다운 것이다. 일신을 좋은 음식, 짙은 음악 속에 젖어 경박하게 짧은 맛을 즐기는 자는 어찌 머리를 돌려 악식 먹고 물 마시는 담박한 가운데에 길고 오랜 취미를 가지지 않으랴?

原文

徜徉於山林泉石之間 而塵心漸息 夷猶於詩書圖畫之內 而俗氣潛消 故君子雖不玩物喪志 亦常借境調心

讀解

산림천석(山林泉石) 사이에 배회하면 티끌 마음이 점점 사라지고, 시서(詩書)나 도화(圖畫) 속에 한가롭게 지내면 속기(俗氣)가 없어진다. 그러므로 군자는 비록 물건을 사랑하여 뜻을 잃지는 않더라도 역시 늘 경치를 빌려 자기 마음을 수양해야 한다.

講義

모든 일이 바쁘고 온갖 사연이 복잡한 세상에서 지내다가 이따금 담박한 산림이나 시냇가를 거닐면, 세속 마음이 점점 없어져서 분수 이외의 맑고 서늘함을 깨닫게 된다. 또 이해가 분분하고 시비가 요란한 곳에서 바쁘게 지내다가 때때로 고상하고 오묘한 시서나 그림 속에서 한가롭게 그 참뜻을 맛보면, 세속 기운이 사라져서 갑자기 맑은 뜻을 얻을 것이다.

그러므로 군자는 외물을 좋아하여 근본 뜻을 잃어서는 안 되지만, 마땅히 바깥 경치를 빌려서 자기 마음을 수양할 것이다.

原文

春日氣象繁華 令人心神駘蕩 大若秋日 雲白風淸 蘭芳桂馥 水天一色 上下空明 使人神骨俱淸也

[讀解]

 봄날은 기상이 번화하여 사람으로 하여금 마음을 화창하게 한다. 그러나 가을날에 구름이 희고 바람은 맑고 난초와 계수나무는 향기로우며, 물과 하늘이 같은 빛깔이 되어 아래위가 비고 밝아서 사람으로 하여금 심신을 다 맑게 해주는 것만 못하다.

[講義]

 바깥 경치의 사람에 대한 감촉은 그 현상의 변화를 따라 사람의 감상을 변하게 해준다. 백화가 난만하고 새가 울고 나비가 춤추는 봄날의 기상은, 변화하고 화려해서 사람으로 하여금 마음을 화창하게 해준다. 가을철이 되면 구름은 희고 바람은 맑으며 난초와 계수나무가 향기로운데, 거울 같은 물은 하늘과 한빛을 이루어서 상하가 함께 밝게 된다.

 사람이 이런 경치를 대하면 자연히 심신이 모두 상쾌해진다. 그러나 봄날의 화창함이 어찌 가을 날의 청상(淸爽)함만 하랴? 그러므로 고운 사랑과 화창한 마음을 지닌 사람은 봄을 좋아하고, 지조가 곧은 사람은 가을을 사랑한다.

[原文]

機動的 弓影疑是蛇蝎 寢石視爲伏虎 此中渾是殺氣 念息的 石虎可作海鷗 蛙聲可當鼓吹 觸處俱見眞機

[讀解]

 망령된 마음이 움직이면 활 그림자도 뱀이나 전갈로 보이고, 누워 있는 돌도 엎드린 범으로 보이는 것이니,

이 속에 있는 것은 모두 살기(殺氣)이다. 잡된 마음이 그치면 돌범도 비둘기로 보이고, 개구리소리도 북 소리보다 좋게 들리는 것이니, 어디를 가나 모두 진기(眞機)이다.

|講義|

사람의 마음에 망령된 생각이 움직여서 의심이 생기면, 대낮에도 도깨비가 나타나는 법이다. 활 그림자도 뱀이나 전갈이 아닌가 의심하고, 뉘어 있는 돌도 엎드린 범으로 보인다. 이는 마음속의 마귀가 난동해서 저절로 살기를 만들기 때문이다.

≪진서(晉書)≫에 이런 말이 있다. 악광(樂廣)이 하남령(河南令)으로 있을 때에 관청에서 친구들과 모여 잔치를 베푼 일이 있었다. 그러나 그 뒤에 잔치에 왔던 한 친구가 오래도록 오지 않았다. 사람을 보내어 물어 보았더니, 그 친구는 그날 잔치에서 술잔 속에 뱀이 있는 것을 보고 이내 병이 들었다는 것이었다. 이는 관청 벽에 걸어 둔 활 그림자가 잔 속에 비친 것을 그 사람이 오인하여 뱀으로 의심한 까닭이었다. 악광은 이를 알고 다시 그 전 자리에 술잔치를 베풀고, 그 병든 친구를 청하여 마시게 했더니 처음과 같이 술잔 속에 활 그림자가 비쳐 뱀처럼 보였다. 그러자 악광은 벽 위의 활을 가리키며 지난날 오인한 잔 속의 뱀이 활 그림자임을 알려 주니, 병든 친구는 환히 깨달아 해묵은 병이 갑자기 완쾌되었다 한다.

뉘어 있는 돌을 범으로 보았다는 것은 왕충(王充)의 ≪논형(論衡)≫에 이런 말이 있다. 초(楚)나라의 웅거자(雄渠子)란 사람이 어느 날 산에 다니다가 놓여 있는 돌을 보고 엎드린 범으로 여겨 활을 쏘았더니 살이 돌에 박혔다 한다. 또 ≪한서(漢書)≫에 이런 이야기가 있다. 이광(李廣)이 어느 날 사냥을 나갔다가 풀 속에 있는 돌을 범으로 착각하고 활을 쏘았더니 살이 돌에 꽂혔다는 것이다. 이는 모두 망기(妄機)가 움직여서 살기를 만들어 낸 것이다.

만일 이와 반대로 망념이 모두 그치게 되면 범도 갈매기로 보이고, 개구리소리도 북소리로 들릴 것이다. 그리하여 어디로 가든지 추호의 살기가 없는 천진한 묘기(妙機)를 이룰 것이다. 본문의 '고취(鼓吹)'는 음악을 말하는 것이다. 잡념이 움직이지 않으면 무미한 개구리소리도 음악보다 낫게 들린다는 말이다. 마음이 태연하면 무슨 물건이든지 나에게 동정을 베풀지 않는 것이 없고, 망령된 마음이 움직이면 누구나 다 나에게 적의(敵意)를 품는 것이다.

원문

欲其中者 波沸寒潭 山林不見其寂 虛其中者 凉生酷暑 朝市不知其喧

독해

마음속에 욕심이 있는 자는 물결이 찬 못 속에서 끓고, 산림 속에서도 고요함을 느끼지 못한다. 그 속이 비어 있는 자는 서늘한 기운이 무더위 속에서 생기고 시장 속에서도 시끄러운 줄 모른다.

강의

사람이 가슴속에 탐욕이 있으면 그 욕심이 항상 불처럼 타올라서 물결이 차디찬 못 속에서도 끓는 것과 같다. 아무리 맑고 고요한 가운데에 있어도 욕심이 움직여서 흉중에 항상 번민하는 열뇌(熱惱)를 느끼게 될 것이니, 아무리 산림 속에 있어도 조금도 그 고요함을 느끼지 못할 것이다.

이와 반대로 마음속이 비어 있어서 한 점 욕심도 없는 사람은 무더위 속에서도 서늘한 바람이 나는 것 같아서 시끄러운 시장 속에 있어도 항상 냉정하여 번잡함을 모른다. 이렇게 보면 덥고 서늘함과 시끄럽고 고요함이 현저하게 다른 경계가 있는 것이 아니라, 다만 자신의 마음속에서 생기는 것뿐이다.

原文

花居盆內 終乏生機 鳥入籠中 便減天趣 不若山間花鳥 錯集成文 翶翔自若 自是悠然會心

讀解

꽃이 화분 속에 있으면 마침내 생기가 적고, 새가 조롱 속에 있으면 곧 본래의 아취를 감한다. 산 속에 꽃과 새가 어울려 문채를 이루며 멋대로 날아다녀서 유연(悠然)히 회심(會心)하는 것만 못한 것이다.

講義

꽃이 화분 속에 심어져 사람의 손으로 가꿔지면 그 자연의 산뜻한 맛을 잃는다. 새가 조롱 속에 갇혀 사람에게 사육되면 그 천연의 아취가 감해진다. 사람이 꽃을 화분에 심는 것은 그 향기를 취하는 것이요, 새를 조롱 속에서 먹이는 것은 그 우는 소리를 듣기 위함이다. 그러나 이는 도리어 그 자유를 속박하여 사는 맛과 자연의 아취를 잃게 하는 것이니, 꽃과 새가 지니고 있는 본연의 모습을 보기는 어려운 일이다.

그러므로 고매한 사람과 통달한 선비는 왕왕 식물원이나 동물원을 구경할 때에 그 부자연하고 부자유한 동물과 식물들이 자유로운 맛을 잃고 있음을 깨닫게 된다. 어찌 산간의 꽃이나 새가 자연스럽고 맘대로 날아다녀서 그 묘취가 마음에 감동되는 것과 같으랴? 꽃과 새도 그 자유가 속박되고 보면 참다운 모습을 잃는데 하물며 사람임에랴?

原文

林間松韻 石上泉聲 靜裡聽來 識天地自然鳴佩
草際烟光 水心雲影 閒中觀去 見乾坤最上文章

讀解

임간(林間)의 송운(松韻)과 석상(石上)의 천성(泉聲)은 적막 속에서 들으면 천지의 자연 음악임을 알겠고, 초제(草際)의 연광(烟光)과 수심(水心)의 운영(雲影)은 한적 속에서 보면 건곤의 최상 문장임을 알 수 있다.

講義

거문고나 피리는 사람이 만든 악기로 아무리 묘한 소리를 내도 이것은 사람의 힘을 기다려야 한다. 그러나 숲속에서 나오는 솔바람소리와 돌 위에 울리는 샘물소리는 사람의 힘을 기다리지 않는 자연의 음악이다. 적막 속에서 이 소리를 들으면 천지의 자연스러운 음악임을 알 수 있다.

먹으로 종이에 쓴 글씨나 그림은 인위적인 서화이니, 아무리 최선을 다해도 반드시 잘되고 못된 것이 있다. 그러나 만물의 천연적인 경치는 자연적인 대문장을 이루기 때문에, 돌 속에 낀 연기와 물에 비치는 구름 그림자는 실로 건곤의 최상 문장이라 할 것이다. 그러므로 사람은 반드시 거문고나 피리, 잔본(殘本) 따위에 구속되지 말고, 음악을 자연스럽게 듣고 문장을 천진 속에서 보면 저절로 고상한 인격을 이룰 수 있다.

原文

羈鎖於物欲 覺吾生之可哀 夷猶於性眞 覺吾生之可樂
知其可哀 則塵情立破 知其可樂 則聖境自臻

讀解

물욕에 얽매이면 인생의 슬픔을 느끼게 되고, 본성에 배회하면 인생의 즐거움을 느끼게 된다. 그 슬픔을 알면 곧 세속의 인정을 즉각 깨치고, 그 즐거움을 알면 곧 성경(聖境)이 자연히 다가올 것이다.

講義

외물의 탐욕에 얽매여 번뇌를 이기지 못하고 끝내 괴롭게 애쓰면 인생의 슬픔을 느낀다. 이와 반대로 본성의 진리를 알아서 이에 배회하여 스스로 얻으면 인생의 즐거운 맛을 느낀다. 물욕에 얽매임이 슬픈 일이란 것을 알면 물욕을 탐내는 심정을 즉시 없앨 것이다. 본성에 배회함이 즐겁다는 것을 알면, 본성을 깨닫는 성인의 경지에 저절로 이르게 된다. 성인과 범인의 차이는 다만 물욕과 본성의 차이에 있는 것이다.

原文

樹木至歸根而後 相華萼枝葉之徒榮 人事至盖棺而後
知子女玉帛之無益

讀解

나무는 뿌리에 돌아간 후에 꽃잎과 가지 잎이 다만 번영했던 것을 알고, 사람은 관(棺)을 덮은 후에 자녀와 보화의 무익함을 알 것이다.

講義

나무는 봄·여름 사이에 꽃과 잎이 무성하여 그 번영함을 자랑하다가 일조에 가을 서리를 만나서 꽃과 잎이 떨어져 번영하던 힘이 자취를 감추고 그 뿌리로 돌아가며, 그 번영하던 꽃과 잎은 형적도 없이 환상의 경지에 돌아감을 알 것이다.

사람이 살아있을 때에는 자녀와 재산을 탐내어 갖가지 얽매임을 받는다. 그러나 갑자기 죽어서 관에 들어가고 뚜껑을 덮은 후에는 모든 인연이 끊어져서 탐하던 재산과 사랑하던 자녀가 모두 소용없이 되고 마는 것이다.

原文

萬籟寂寥中 忽聞一鳥弄聲 便喚起許多幽趣 萬卉摧剝後 忽見一枝擢秀 便觸動無限生機 可見性天未常枯槁 機神最宜觸發

讀解

만뢰(萬籟)가 고요한 가운데에 갑자기 새 한 마리의 노랫소리를 들으면, 문득 허다한 유취(幽趣)를 불러일으킨다. 온갖 꽃이 모두 떨어진 뒤에 갑자기 한 떨기가 특별히 피어난 것을 보면 문득 한없는 삶의 기미를 일으킨다. 이것으로서 천성은 항상 메마르지 않고 정신은 가장 촉발함이 화순함을 알 것이다.

|講義|

빈 산 대낮에 자연계의 온갖 소리가 고요를 극한 가운데에 갑자기 새 한 마리의 노랫소리를 들으면, 심경이 깨우쳐져서 허다한 흥취를 불러일으킨다. 들판에 가을바람이 불어 모든 꽃이 시들고 떨어져 쓸쓸하고 참담하게 된 뒤에 갑자기 한 떨기 국화가 피어 오르면, 눈이 새로워져서 무한한 생명의 기미를 촉발시킨다. 이는 한결같이 메마른 가운데에서는 그윽한 아취가 없다는 것이다.

그러므로 사람의 천성은 항상 메마른 것도 좋지 못하고 정신은 매우 촉발함이 좋다.

|原文|

理寂 則事寂 遣事執理者 似去影留形 心空 則境空 去境存心者 如聚羶却蚋

|讀解|

이상(理想)이 적적하면 사실이 적적하다. 사실을 버리고 이상에 집착하는 자는 그림자는 없어지고 형체만 남아 있는 것과 같다. 마음이 비면 외계(外界)도 빈다. 외계를 버리고 마음만 남겨 두는 자는 비린 것을 모아 놓고 파리를 쫓는 것과 같다.

|講義|

이상(理想)은 사실의 모체다. 그러므로 이상이 고요하면 사

실은 자연히 고요하게 마련이다. 만일 피상적인 사실을 버리고 내용의 이상에만 집착하려 한다면, 이는 마치 형체는 남고 그림자는 없어진 것과 같아서 마침내 되지 않는 일이다. 외계는 마음이 만드는 것이다. 그러므로 마음이 비어 있으면 외계는 자연히 비게 마련이다. 만일 외계만 버리고 속마음을 남겨 두려고 한다면, 이는 마치 비린내 나는 음식을 모아 놓고 파리 떼를 쫓는 것과 같아서 그 효과를 거두지 못할 것이다.

原文

遇病而後 思强之爲寶 處亂而後 思平之爲福 非蚤智也
倖福而知其爲禍之本 貪生而先知其爲 死之因 其卓見乎

讀解

병에 걸린 뒤에 건강의 귀중함을 생각하고, 난을 당한 후에 평화의 복됨을 생각하는 것은 선각자가 아니다. 요행한 복을 구하는 것은 화의 근원이 됨을 알고, 삶을 탐함이 먼저 그 죽음의 원인이 됨을 아는 것이 탁견(卓見)이다.

講義

사람이 건강할 때에는 몸을 조심하지 않다가 병을 얻어 고통을 느낀 뒤에 비로소 건강과 무병의 귀중함을 알고, 평화로운 때에는 위란을 염려하지 않고, 난세를 당하여 곤란을 겪게 된 후에 비로소 태평무사함의 복됨을 알게 되는 것은 선각자가 아니다.

만일 화복이 서로 바뀌고 생사가 서로 잇달아 화는 복 뒤에 따르고, 삶이 있으면 반드시 죽음이 있음을 깨달아서 행복을 구할 때에 그 복이 화의 근원임을 알고, 삶을 탐할 때에 삶이 죽음의 원인이 됨을 알면 이것이 바로 탁월한 식견이다.

原文

心曠 則萬 鍾如瓦缶 心隘 則一髮似車輪

讀解

마음이 넓으면 곧 만종(萬鍾)도 와부(瓦缶)와 같고, 마음이 좁으면 곧 터럭 하나도 수레바퀴와 같다.

講義

마음이 넓어서 재물을 구하지 않으면 만종(萬鐘)의 많은 녹(祿)도 오지장군처럼 여겨진다. 마음이 좁아서 조그만 이익에 구애되면, 터럭끝만한 미물도 큰 수레바퀴처럼 보여 반드시 탐욕이 생긴다. 그러므로 한세상의 이해(利害)와 영욕은 마음 한번 먹기에 달려 있을 뿐이다.

原文

人生太閒 則別念竊生 太忙 則眞性不現 故士君子不可不拘身心之憂 亦不可不耽風月之趣

讀解

인생이 너무 한가하면 딴 생각이 움트고, 너무 바쁘면 진성(眞性)이 나타나지 않는다. 그러므로 사군자(士君子)는 심신의 걱정을 갖지 않을 수 없으며, 또한 풍월의 아취를 즐기지 않을 수 없다.

講義

사람이 너무 안일하고 한가하여 아무것도 하는 일이 없으면, 여러 가지 망상(妄想)이 생겨 음란하고 방탕함에 빠지기 쉽다. 또 너무 바빠서 잠시의 여가도 없으면, 심신이 피로하여 고요한 진성(眞性)이 나타나지 못한다. 그러므로 너무 한가롭거나 너무 바쁜 것은 모두 편벽된 폐단이 있다.

그러므로 도덕을 숭상하는 사군자는 항상 심신의 걱정을 하여 한가롭고 바쁜 틈에 적절함을 취해야 한다. 그리고 또 이따금 담박한 청풍명월의 고상한 취미도 사랑하여 세속의 잡념을 없애고 진성을 함양할 것이다.

原文

世人爲榮利纏縛 動曰塵世苦海 不知雲白山靑 川行石立 花迎鳥咲 谷答樵謳 世亦不塵 海亦不苦 彼自塵苦其心爾

讀解

세상 사람은 영화와 이익에 얽매여 걸핏하면 진세고해(塵世苦海)라고 한다. 구름은 희고 산은 푸르며, 내는 흐르고 돌은 서 있으며, 꽃은 새 울음을 맞이하고 골짜기는 나무꾼의 노랫소리를 화답(和答)한다. 이리하여 세상도 진세가 아니요 바다도 고해가 아니거늘, 저 스스로 그 마음을 괴롭게 하는 줄 모른다.

講義

세상 사람은 영화와 이욕(利欲)에 얽매여 매우 바쁘고 피로

하여 한가로운 정취가 없다. 그러므로 입을 열면 반드시 진세(塵世)니 고해니 한다. 이는 '일체유심조(一切惟心造)'라는 진리를 알지 못하는 말이다.

이 세상 사이에 구름은 희고 산은 푸르며, 냇물은 유유히 흐르고 돌은 우뚝 서 있다. 여러 가지 꽃들은 새 울음소리를 맞이하여 주고, 골짜기는 나무꾼의 노랫소리를 화답해 준다. 이렇게 형형색색으로 천진난만하고 즐거운 정취가 넘쳐흐른다. 그러므로 이 세상은 반드시 진세가 아니요, 바다 역시 고해만이 아닌 것이다. 그런데 세상 사람은 이것을 알지 못하고, 그 마음을 스스로 진세와 고해 속에 두려워하고 있으니 어찌 가련한 일이 아니랴?

原文

花看半開 酒飮微醉 此中大有佳趣 若至爛熳酕醄 便成惡境矣 履盈滿者宜思之

讀解

꽃은 반개(半開)한 것을 보고 술은 미취(微醉)하게 마시면, 이 속에 매우 아름다운 정취가 있을 것이다. 그러나 만일 난만하거나 곤드레만드레하게 된다면 곧장 나쁜 환경을 만드니, 꽉 차게 된 자는 마땅히 유의하여야 한다.

講義

꽃은 반쯤 피었을 때에 보고 술은 조금 취하게 마시면, 반쯤 핀 꽃은 아직 피지 않은 남은 향기가 있고, 조금 취한 술은 아직 남아 있는 아름다운 흥취가 있다. 그러나 만일 꽃이 난만하게 다 피어 버리고, 술에 취하여 곤드레만드레 된다면, 이미 핀 꽃은 장차 시들어 버릴 것이요, 만취한 술은 난잡하게 되어 마침내 나쁜 환경을 만들게 마련이다.

그러니 사업과 공명에 대해서 극도의 만족한 형편에 있는 사람은 세 번 생각하고 깊이 경계하여 장차 기우는 일이 없게 할 것이다.

原文

非分之福 無故之獲 非造物之釣餌 卽人世之機阱 此處着眼不高 鮮不墮彼術中矣

讀解

분수가 아닌 복과 까닭 없는 수확은 조물주의 낚싯밥이 아니면 곧 인선(人世)의 함정이다. 여기에 눈을 높이 뜨지 못하면, 저들의 꾀 속에 떨어지지 않는 자가 드물 것이다.

講義

조물주가 사람에게 화를 주려고 하면, 미끼로써 고기를 낚는 것처럼 먼저 그 사람에게 가짜 복을 주어서 그 마음을 해이하게 해놓은 뒤에 큰 화를 준다. 또 세상 사람이 남을 해치고자 하면, 덫을 놓아 짐승을 사로잡는 것처럼 먼저 그 사람에게 달콤한 이익으로 유인하여 그 마음을 움직인 후에 가혹한 화를 주는 것이다.

그러므로 분수 아닌 행복과 까닭 없는 이익이 갑자기 닥치는 것은 조물주가 사람에게 화를 주려는 미끼가 아니면, 반드시 사람들이 나를 해치고자 하는 덫인 것이다. 이러한 일을 당하여서 눈을 높은 데에 두어서 피하지 않으면, 그 술수(術數)에 말려들어 화를 받지 않을 자가 드물 것이다.

原文

波浪兼天 舟中不知懼 而舟外者寒心 猖狂罵坐 席上不知警 而席外者咋舌 故君子身雖在事中 心要超事外也

讀解

물결이 하늘에 닿으면 배 안에서는 두려움을 알지 못하지만, 배 바깥에 있는 자는 가슴이 서늘하다. 미치광이가 온 좌석을 욕하면 좌중에서는 경계하지 않지만 좌석 바깥에서는 혀를 찬다. 그러므로 군자는 몸은 비록 사건 속에 있으나 마음은 사건 바깥에 초월해야 할 것이다.

講義

바다의 물결이 드높아 하늘에 닿으면 그 물결이 부딪치는 배 안에 있는 사람은 별로 두려운 줄 모르지만, 배 바깥 언덕 위에 있는 사람들이 보면 그 배가 곧 침몰할 것 같아서 가슴이 서늘하다. 여러 사람들이 모인 자리에서 미치광이가 욕설로 매우 소란을 부리면 그 자리에 있는 사람들은 지나친 시끄러움을 알지 못하지만, 좌석 바깥에서 방관하는 자가 보면 놀라 혀를 찬다.

그러므로 군자는 몸은 비록 사건 속에 두어서 그 일을 행하더라도 마음은 사건 밖에 초월해서 어리석음을 면해야 할 것이다.

원文

天運之寒暑易避　人世之炎凉難除　人世之炎凉易除　吾心之氷炭難去　去得此中之氷炭　則滿腔皆和氣　自隨地有春風矣

讀解

천운(天運)의 한서(寒署)는 피하기 쉬워도 인세(人世)의 염량(炎凉)은 없애기 어렵고, 인세의 염량은 없애기 쉬워도 내 마음의 빙탄은 없애기 어렵다. 이 마음 속의 빙탄을 없앨 수 있으면, 곧 가슴속에 가득한 것이 모두 화기(和氣)이니 처지를 따라서 봄바람이 일 것이다.

講義

천기(天機)의 운행을 따라 생기는 추위와 더위는 인력을 가해서 피하기 쉬워도, 세상 형세를 따라서 생기는 염량(炎凉)은 없애기 어렵다. 그러나 이 세상 염량은 남의 마음에 있는 것이므로 내 마음속에 물들지 않으면 오히려 없애기 쉬워도, 내 마음에서 생기는 빙탄은 더욱 없애기 어렵다.

내 마음의 빙탄이란 것은 자기 마음의 본체를 흐리게 하여 맑은 것을 보존하지 못하고, 갖가지 망상(妄想)이 자기 마음 속에서 서로 충돌하여 마치 얼음과 숯불이 서로 용납되지 않는 것과 같음을 말한다.

만일 이러한 마음속의 빙탄을 없애 마음의 본체를 지키면 가슴속에 가득한 것이 모두 화기이리니, 그 처지를 따라 봄바람이 일 것이다.

옮긴이 약력

독립운동사편찬위원회 집필위원 역임
저서 : 〈사서삼경 입문〉〈윤봉길의사 약전〉〈독립운동가 30인전〉
역서 : 〈삼국유사〉〈양반전〉〈당의통략〉〈연암선집〉〈공자가어〉〈명심보감〉〈징비록〉〈해동야언〉〈한국한문소설선〉 등 다수

채근담 강의 〈서문문고 215〉

개정판 인쇄 / 1999년 7월 25일
개정판 발행 / 1999년 8월 5일
옮긴이 / 이 민 수
펴낸이 / 최 석 로
펴낸곳 / 서 문 당
주소 / 서울시 마포구 성산동 103—7호
전화 / 322—4916~8 팩스 / 322—9154
등록일자 / 1973. 10. 10
등록번호 / 제13-16

초판 발행·1976년 3월 5일 * 잘못된 책은 바꾸어 드립니다